D1721379

Winfried Rösler

—

Kleines ABC des Lebens

Der Autor: Winfried Rösler, Studium der Philosophie, Germanistik und Pädagogik in Karlsruhe und Freiburg. 1979 Promotion in Philosophie in Freiburg. 1988 Habilitation in Pädagogik in Mannheim. Seit 1989 Professor für Pädagogik und Bildungsgeschichte an der Universität Koblenz-Landau, Campus Koblenz.

Winfried Rösler

Kleines ABC des Lebens

Ein literarisches Kaleidoskop

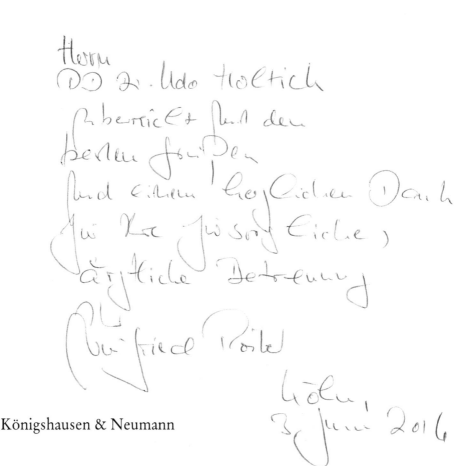

Königshausen & Neumann

Bibliografische Information der Deutschen Nationalbibliothek

Die Deutsche Nationalbibliothek verzeichnet diese Publikation in der Deutschen Nationalbibliografie; detaillierte bibliografische Daten sind im Internet über http://dnb.d-nb.de abrufbar.

© Verlag Königshausen & Neumann GmbH, Würzburg 2016
Gedruckt auf säurefreiem, alterungsbeständigem Papier
Umschlag: skh-softics / coverart
Umschlagabbildung: Overkoffeined: Vector delicate lace round pattern, #62045927 (fotolia.com)
Bindung: docupoint GmbH, Magdeburg
Printed in Germany
ISBN 978-3-8260-5785-4
www.koenigshausen-neumann.de
www.libri.de
www.buchhandel.de
www.buchkatalog.de

Inhaltsverzeichnis

Vorwort

Leben ist ein Sich-Einrichten in der Welt. Deshalb unhintergehbar. Kein Ich, auch nicht das abstrakteste, wäre denkbar, das nicht in Auseinandersetzung mit dem welthaft Gegebenen selbst zum Welthaften wird. Mäandernd in die Bezirke des Wirklichen und Möglichen, ist es um seiner selbst willen gehalten, das unüberschaubar Erscheinende zu ordnen. Mittels Sprache. Genauer: mittels Verben. Jene klassifizieren, was kaum klassifizierbar ist: die Pluralität der im Sein der Welt sich entfaltenden Bezüge des seienden Subjekts. Im Netz der Verben vergewissert sich dieses seiner selbst – wird sich als ein solches erst habhaft.

Verben sind es, die die Vielfalt menschlichen Tuns und Lassens bestimmen und gliedern. Als solche lassen sie sich miteinander verzahnen – zum Beispiel gemäß der alphabetischen Position ihrer Anfangsbuchstaben. Die Buchstaben ergäben dann eine Kette eines kleinen ABC von ‚anfangen‘ bis ‚zaubern‘. Daraus lässt sich eine Welt zimmern, die wie ein literarisches Kaleidoskop anmutet: mit jedem Vorrücken auf ein neues Verb bildet sich ein neues Muster menschlichen Lebens.

Welche Art von Glasstückchen es sind, die in diesem Kaleidoskop als Puzzle dienen? Es sind: Roman- und Theaterszenen, Dialoge und Reflexionen, Gedichte und Aufzeichnungen, (fiktive) Briefe und Biographien, Gemälde und Partituren. Fundstücke, erlesen, allesamt – die jeweils mancherlei Veränderungen und Transformationen unterzogen werden. Manches wird interpretiert, manches umgeschrieben; anderes wird mit anderem verknüpft; wieder anderes wird erweitert, mancher Text gänzlich neu erfunden. Das erzeugt Formenvielfalt: der essayhafte Zugriff wechselt sich ab mit dem lyrischen; der theoretische mit dem fiktionalen; der interpretatorische mit dem der freien Erfindung. Orte und Zeiten verändern sich – mithin auch der Sprachstil – verschiedene Figuren und historische Persönlichkeiten treten auf, begegnen gar im Gedankenspiel einander. Dieses Spiel hält solange an, bis alle 26 Buchstaben des Alphabets ausgereizt sind – selbst die so verbfeindlich gesonnenen x und y werden miteinbezogen.

Die Verben selbst, die das Ganze zusammenhalten, kommen übrigens bescheiden – manchmal sogar gänzlich unerwähnt – daher. Man muss nicht immer im Mittelpunkt stehen, wenn man Ordnung stiftet.

anfangen

Anfänge sind Theatervorhänge, die sich öffnen. Mithin auf etwas vorbereiten, einstimmen, gar neugierig machen. Andeutungsweise – nicht vorwegnehmend, beinahe in didaktischer Manier. Denn eine Welt, eine neue gar, will vorsichtig betreten, nicht gestürmt werden. Deshalb fängt der Anfang zunächst ein, anstatt gleich loszulassen.

Kirchenportale etwa hemmen die eilig Eintretenden, versammeln sie, um sich zu sammeln; Museumsportale entschleunigen die Zeit zugunsten zeitlosen Verweilens in den Räumen hinter den Portalen; Gemälde verbergen ihre Offenheit, indem sie ihren Bildanfang zu verrätseln wissen; Architekturen formieren ihre Eingänge als etwas, wo das Wohnen seinen Anfang nimmt; Literaturen benötigen einen Anfangssatz, auch dann, wenn ein missgelaunter Schnipsel mit seiner Funktion unzufrieden; Partituren benötigen Anfangsklänge auch dann, wenn der Anfang unhörbar sein soll. Der Anfang ist als solcher unhintergehbar, weil anders kein Werk. Darüber triumphiert kein Gedankenexperiment, auch jenes nicht, das den Anfang gleich als sein Ende setze, aus dem nichts folge. Denn einmal in der Welt Seiendes kann sich, wenn überhaupt, nur ex post aufheben. Als Seiendes gilt von ihm, dass es ist – unhintergehbar anfänglich, mithin als sein eigener Anfang.

Überall Anfänge: mythische, kultische, theatralische, musikalische. Letztere besitzen das Privileg, ihre Anfänge in ihrer Klangsprache präsentieren zu können. In verschiedenster Weise. Stolz auftrumpfend oder verhalten ruhig; übersprudelnd laut oder zögerlich leise; als Tutti oder als Einzelstimme. Doch unabhängig davon, wie sie gestaltet werden – vielleicht gar als eine Art Theatervorhang, der sich öffnet, wie in Schuberts erstem Impromptu – sie bereiten immer auf etwas vor. Auf Szenen der Lebensbühne und auf Landschaften der Seele. Mithin auf eine Welt schlechthin, die ganz für sich selbst dastehet und in sich ruht, unberührt und unbeeindruckt von Sonstigem; einer Kathedrale gleich. Eine Welt sui generis, eine, die Welt nochmals erzeugt – in Klängen, die in allen Instrumentalfarben denkbar, obwohl die Partitur für Clavier geschrieben; in musikalischen Formen, die sich als Präludien und Fugen präsentieren; in Harmonien, die den Raum aller 24 Tonarten ausschöpfen; in metrischen Mustern, die sich nie untreu werden; in klar geordneter musikalischer Textur, die sowohl die lichteste Linienführung als auch das dichteste, filigrane Klanggeflecht in sich birgt. Gewiss – ein abstrakter musikalischer Ideen-Himmel, aber zugleich auch ein welthaft Geerdetes. Eine große Erzählung über das menschliche Leben schlechthin. So wie es ist: tänzerisch und schwermütig, streng und ausgelassen, gesprächig und abwei-

9

send, planend und improvisierend, gravitätisch und spielerisch, lyrisch und ernst, gebunden und libertär, undurchdringlich und offen.

Was da, Edelstein auf Edelstein sich fügt, ist das Alte Testament des Claviers, biblisch in seiner Weise gewiss, vom Hohelied der Liebe bis zum Hiob. Ein Kosmos des Barock sowie ein barocker Kosmos. Eine Partitur für einen Konzertabend und eine für alle Konzertabende der Welt zugleich. Eine idioma universale. Zeitgebunden und zeitlos. Bescheiden im Titel: Das WOHLTEMPERIERTE CLAVIER. Komponiert? Konstruiert? Empfangen? Erdacht? Chiffre? Schrift? Schrift einer Schrift? Niedergeschrieben? Unauslotbar? Unhintergehbar? Begreifbar? Überirdisch? Irdisch? Wenn letzteres, dann als Urheber nur denkbar: Bach.

Wie, einen musikalischen Anfang für einen solchen Kosmos finden? Wie, fassbar, auf ein Unfassbares vorbereiten? Wie, einen Beginn für etwas finden, was eigentlich kein Ende hat? Wie, ein Portal für eine Kathedrale bauen, die unermesslich? Wie, ein Tor zu einer Welt bauen, die selbst das Tor zur Welt?

Also – ein großes, wuchtiges Tor, ein repräsentatives Portal, würdig dem gebieterischen Zweck einer klaren Ordnung? Oder ein Portal, das wie in einem Mikroskop den Farbenreichtum der Weltenkathedrale schon vorab spiegelt? In Form musikalischer Motivketten etwa? Ein Substrat größtmöglicher Dichte mithin? Und wenn, wie wäre ein solches Portal zu bauen? Etwa als eine in Musik gegossene Marmortreppe, die repräsentativ sich in die Höhe schraubt, gewissermaßen Klangraum zu Klangraum schichtend, in dem sich Schraffuren, Reliefs, Lichtspiele und Schattenrisse verbergen und entbergen? Wäre das die Lösung – Marmor, der zu Marmor sich fügt?

Oder nochmals: wie baut man einen Anfang für eine Welt, die Welt schlechthin ist? Baut man ihn? Bearbeitet man den Marmor? Wuchtet man ihn zurecht? Drillt man ihn? Oder umgekehrt – befreit man ihn, gleich einem Michelangelo, von seiner eigenen Last? Befreit man ihn von allem Überflüssigen? Macht ihn leicht, luftig, lichtdurchlässig? Macht ihn, was, wenn überhaupt, nur mit größter Kunst zu erreichen: einfach?

Das wäre eine Lösung. Ist es jene von Bach? Ja. Wenn je einen Anfang es gibt, der vollständig unaufgeregt, in sich selbst ruhend, sein eigenes Sein gewinnt, dann jener des ersten Präludiums. Eines Anfangs aus musikalischem Marmor, der gleichsam von selbst seine vollendete Gestalt gefunden.

Einfachheit also. Statt Klangraum Klangfläche, statt Modulationen ein und dieselbe Tonart, statt harmonischer Vielfalt C-Dur-Kadenz, statt metrischer Verschiebungen strenge Metrik (zu der übrigens der bekannte ‚Schwencksche Takt', ungeachtet aller editionswissenschaftlichen Argumente, sehr gut sich fügte), statt Mehrstimmigkeit leicht aufgefächerter fünfstimmiger Satz, statt Stimmengeflecht lineare Stimmführung, statt bröckelnder Fundamente (wie in den endlos sinkenden Arpeggien der großen Orgelfantasie G-Dur) stabile Ordnungspfeiler. Kurzum: ein Präludium als Vorspiel für das Spiel von Welt für den welthaften homo ludens. Ein Präludium, das, in Hegels Manier gedacht, für-sich-selbst vermittelt und zugleich Vermittlung für ein Anderes ist; ein Präludium, dessen kunstvolle Schlichtheit die Tür zur Möglichkeit künftiger Komplexheiten öffnet; ein Präludium, dessen Marmor zum *Verweile doch, Du bist so schön* einlädt und die Einladung zur österlichen Weltenfahrt dennoch ausspricht. Gäbe es so etwas, könnte es eigentlich nur als Idee existieren. Konstruieren im üblichen Sinne lässt sich so etwas nicht. Eher denn hinzaubern, gleichsam als ob da nichts wäre – vielleicht so wie im Fall von Chopins letzter Marzurka, deren Zerbrechlichkeit freilich eher für ein unsicheres Finale steht. Hier indes ist ein Gebilde vonnöten, das als Anfang die eigene Zerbrechlichkeit in die Form verlässlicher Beständigkeit verwandelt. So ein Gebilde wäre vielleicht höchster Ausdruck musikalischer Dialektik. Gelänge seine Materialisierung in Klang, was wäre dann gewonnen? Der Anfang aller Anfänge. In Gestalt von Bachs Präludium Nr. 1, jenem aus dem WOHLTEMPERIERTEN CLAVIER, eben.

buchstabieren

Auffallend ist der Vorgang schon. Ein kleiner Junge, Sohn eines französischen Chefarztes, in großbürgerlichen Verhältnissen des 19. Jahrhunderts aufwachsend, zeigt bei einem wichtigen Initationsritus des Lebens, dem des Lesen-Lernens, so große Schwierigkeiten, dass er Gefahr läuft, zum Idioten der Familie erklärt zu werden. Zumal sein Bruder, der Erstgeborene und seine jüngere Schwester keinerlei Probleme hatten, als sie unter elterlicher Anleitung lesen lernten. Eine Verwandte der Familie weiß zu berichten, dass es dem Kind, trotz größter Mühe, nicht gelingen will, die Bedeutung der Zeichen, die da Buchstaben sind, zu begreifen. Was dazu führte, dass es *dicke Tränen* weinte.

Nun sind Leselernprobleme nichts Außergewöhnliches – sie garnieren so manchen kindlichen Entwicklungsprozess. Ungewöhnlich ist freilich, dass es sich im vorliegenden Fall um einen künftigen Klassiker der Weltliteratur handelt: um Gustave Flaubert.

So etwas erzeugt analytische Neugier, vor allem von Seiten der Literatur selbst. Denn einen Autor sollte es schon von Berufs wegen interessieren, weshalb ein künftiger Konstrukteur von Texten solche Schwierigkeiten beim De-Konstruieren hat. Dabei sind keine pädagogisch-didaktischen Erklärungsversuche zu erwarten, vor allem dann nicht, wenn der analysierende Autor den Menschen als ein *einzelnes Allgemeines* versteht, das auf seine Weise die Totalität seiner Umgebung, Epoche gar, widerspiegelt. Jean Paul Sartre ist es, der zu Beginn seiner barock-umfangreichen Flaubert-Studie den Leselernvorgang des kleinen Gustave durchleuchtet. Ihm, dem akribisch phänomenologisch vorgehenden Philosophen gilt dabei die kindliche Lernblockade nicht als ein nur zufälliges, temporäres Ereignis. Er deutet sie vielmehr als Ausdruck einer spezifischen Haltung, die der renitente kleine Buchstabenverweigerer gegenüber seiner familiären Situation und vor allem gegenüber der Sprache selbst einnimmt.

In eine Geschwisterreihe wird er 1821 hineingeboren, Gustave, als zweitältester Sohn einerseits und älterer Bruder einer jüngeren Schwester andererseits. Belangloses Detail ist das für Sartre nicht. Seinem interpretatorischen Blick zeigt sich darin eine Zwangskonstellation, aus der Gustave sich nicht zu befreien vermag. Warum? Weil alle Rollenzuschreibungen im Hause Flaubert fest zementiert sind – durch den pater familias, den Vater, den erfolgreichen Chefarzt in Rouen. In dessen Augen gilt der Erstgeborene als eine Art Auserwählter. Er soll die Tradition der Arztfamilie fortführen, eine Erwartung, die der begabte Achille in der Tat auch einlöst – er wird später Nachfolger des eigenen Vaters. Der Preis, der hierfür zu entrichten ist, ist freilich hoch: Achille, dem der Vater die Hälfte seines eigenen Taufnamens, Achille-Cléophas, mitgegeben hat, wird Geschöpf und Opfer, Erfüllungsgehilfe und Vasall des Vaters zugleich sein. Eine Wahl zur freien Wahl hat er nicht. Dafür ist er der Auserwählte – eine Rolle, die für den neun Jahre jüngeren Gustave außen vor bleibt. Unmerklich für die Flauberts selbst, richtet sich ihr Familienmuster an der tradierten gesellschaftlichen Struktur des ancien régime aus. Es herrscht ein Lehnsverhältnis vor, das Verpflichtung und Treuegelöbnis einfordert.

Ist Achille der eine Pol in der Geschwisterreihe, so die einzige Tochter der andere. Sie, die jüngste der drei Kinder – dazwischen liegen noch drei Sterbefälle – trägt den Taufnamen ihrer Mutter: Caroline.

Auch dieses Detail ist für Sartre aufschlussreich. Es deutet auf einen besonderen Bezug zwischen Mutter und Tochter hin. Die Mutter, eine geborene Fleuriot, wächst fast als Waisenkind bei Verwandten auf – ihre Geburt kostet die Mutter das Leben. Der Vater stirbt nur wenige Jahre später. Ihre Ehe mit dem Chefarzt in Rouen wird ihr ganzer Lebensinhalt sein. Ganz den Rollenerwartungen ihres Gatten entsprechend, gilt auch ihr der Erstgeborene als Nachfolgerepräsentant der Familie. Doch das Trauma ihres Lebens – die unfreiwillige Tötung der eigenen Mutter bei der Geburt – wird, in Koppelung mit einer Abkühlung der Liebesbeziehung zu ihrem Mann, bei ihr den unbewussten Wunsch hervorrufen, mit einer Tochter niederzukommen. 1824 geht die Hoffnung in Erfüllung. Das Kind erhält den Namen der Mutter und Caroline, die Mutter von Caroline, verkörpert auf symbolischer Ebene ihre eigene Mutter. Die Beziehung zu ihrer Jüngsten wird eine besonders emotional-intime sein.

Zwischen Achille und Caroline steht Gustave. Fast in einem Niemandsland. Für seine Mutter eine Enttäuschung, weil keine Tochter, für den Vater von wenig Bedeutung, da der Zweitgeborene. Zudem ein sehr krankes Kind, das man zwar dem Tod entreißt, aber im Grunde aufgegeben hat. Was man ihm, vor allem seitens der Mutter, entgegenbringt, ist Pflichterfüllung, aber keine Liebe. So ist das, was als Kind oftmals mit dumpfem, ausdruckslosem, fast blödem Gesichtsausdruck im Hause vor sich hinbrütet, eine Art Existenz ohne Daseinsberechtigung. Ein Objekt der Flauberts, aber kein Subjekt, von dem man Sonderliches erwartet, außer, dass es den formulierten Regeln und Normen folgt. Diese Konstellation führt zu dem, was Sartre Gustaves Passivität, genauer, Gustaves *passive Aktivität* nennt. Sie ist nunmehr Ausdruck dafür, dass die eigene Bestimmung im Bestimmtwerden gesehen wird.

Das alles hat weitreichende Konsequenzen für den Eintritt in jene Welt, die für den künftigen Autor Flaubert eigentlich besondere Bedeutung haben müsste: die der Sprache. Gustave wird sich diesem Eintritt geradezu versperren, weil ihm Sprechen nicht zu dem werden will, was es ist: eine subjektive Handlungspraxis. Sprache ist dem Kind Gustave etwas von außen Vorgegebenes – in ihr repräsentiert sich vor allem der allmächtige pater familias. Unterwerfung glimmt am familiären Horizont auf – *man wird gesprochen* – so Sartre. Auf diese Weise bleibt das Wort notwendigerweise äußerlich, es ist etwas, was man imitiert, etwas, was man glauben muss. Auch von dem entzifferten Wort gilt, dass es das des Anderen ist. So gesteht der kleine Gustave der Sprache einen geradezu magischen Charakter zu und verharrt – indem er auf diese Weise keine eigentliche sprachliche Erfahrung macht – auf seiner Stufe des Kindseins.

Zum Problem wird diese passive Haltung spätestens in dem Moment, als dem Kind eine Fibel vorgelegt wird. Denn um in die Welt der geschriebenen Sprache eindringen zu können, muss der kleine Flaubert das leisten, was bislang völlig außerhalb seines Blickfeldes gelegen: er muss den Sinn der Sprache von der reinen, tönenden Materie lösen und das Wort in Buchstaben zerlegen, die nichts anderes als bloße, nichtsignifikante Elemente sind. Materie und Form sind zu trennen – und das ist genau jener Schritt, den zu tun sich Gustave geradezu körperlich weigert. Denn dieser Schritt ist für ihn unendlich mehr als ein einfacher Lernschritt – er verlangt ihm ab, die Beziehung zu sich selbst und zu den Anderen zu verändern. Er muss sich selbst ändern und der Passivität seiner Kokon-Kindheit entfliehen und er muss den Bezug zu den Anderen neu definieren, weil ihm mit der Fibel eine Sprache geboten wird, die nicht dem pater familias, sondern allen gehört, mithin ein Komplex an unpersönlichen Möglichkeiten, eines gleichmachenden Universalismus darstellt. Für Gustave eine Grenzerfahrung – denn er muss etwas leisten, dessen Sinn er erst nicht begreift und zu dessen Bewältigung er nicht über die Mittel verfügt: statt nur passiv etwas nachzumachen, ist er gehalten, aktiv zu handeln, indem er etwas, die Wörter, zerlegt und wieder zusammensetzt. Die Magie muss der Konstruktion weichen. Die Buchstaben fordern dem Kind das ab, wogegen es sich sperrt – die Ablösung aus der Kindheit, das sich Hineinfinden in die eigene Autonomie.

Dass angesichts des familialen Gesamtkontextes dieser Lernschritt Gustaves fast zum Scheitern verurteilt ist, ist nachvollziehbar. Freilich nicht für die Eltern selbst. Vor allem für den Vater ist ein solcher Vorgang im Hause Flaubert undenkbar. Also übernimmt der pater familias die Leselernlektionen höchstpersönlich und wird, angesichts des so stupid reagierenden Sohnes, zum kafkaesken Richter. Er wird ihn, den siebenjährigen Buchstabier-Scheiterer, gleichsam als Idioten der Familie fallen lassen.

Natürlich hat Flaubert lesen gelernt. Aber die väterliche Fibeldressur hat, so zeigt es Sartre, Spuren hinterlassen. Das Spiel mit den Buchstaben zwingt zur Verwandlung. An die Stelle des Kindes, dem die Wörter gleichsam wie tönernes Erz scheinen, tritt der logische Analytiker, der die

Wörter von außen ansieht. So wie der kleine Walter Benjamin in seiner Berliner Kindheit auf der Suche nach versteckten Ostereiern zum Ingenieur wird, der der magischen Bedeutung der Verstecke abschwört, so wird der kleine Gustave Flaubert zum *kalten Subjekt*, das der Magie der Wörter abschwört. Die im Kleid der Buchstaben erscheinenden Wörter, sind nicht mehr die mit patrialischer Autorität versehenen, sondern sind aus Bausteinen zusammen gesetzte Gebilde, die es zu enträtseln gilt. Diese Buchstabenkörper tönen nicht mehr aus dem väterlichen Mund, sondern sind schweigsame Diener eines anonymen Herrn, der in Gestalt abstrakter Allgemeinheit daher kommt. Buchstabenskelette also gilt es zu entziffern – nicht aus der Nähe des gläubigen Jüngers, sondern aus der Distanz des analysierenden Subjekts.

Diese Verwandlung gelingt zwar dem kleinen Flaubert, aber nur um den Preis einer inneren Zerrissenheit. Seinem magischen Glauben an die raunende Beschwörung durch das gesprochene Wort und seine damit einhergehende Passivität gegenüber Sprache und Welt wird Flaubert nie ablegen. Der Magie des gesprochenen Wortes bleibt er untergründig immer verhaftet, mit der Folge, dass der Zwiespalt, die Nicht-Identifikation zwischen gesprochener und geschriebener Sprache in ihm selbst weiter besteht. Ausgerechnet für den Schriftsteller Flaubert wird, so die These Sartres, das Schreiben nicht in den Status der Autonomie gelangen. Das Geschriebene hinkt hinter dem Gesprochenen her, auch wenn ihm, aus der Sicht eines Schriftstellers eigentlich ein nur unwesentlicher Modus zukommt. Der geistige Vater der MADAME BOVARY befindet sich gewissermaßen am falschen Ufer. Gerade deshalb ist Flaubert es, der zum grandiosen Darsteller der inneren Empfindungen und Erfahrungen des Bürgertums im 19. Jahrhundert wird.

collagieren

Gewiss war es nur Zufall – ein makabrer gleichwohl. 1889 wird das alte habsburgische Österreich durch die Affäre Meyerling in seinen Grundfesten erschüttert – der Thronfolger, Erzherzog Rudolf, erschießt seine Geliebte, Gräfin Mary Vetsera und sich selbst, weil ihr Verhältnis vom Hof nicht goutiert wird. Justament im November des selben Jahres kommt in Budapest eine Symphonie zur Uraufführung, deren bekanntester Satz sinnigerweise ein Leichenbegängnis zum Thema hat. Nicht eben eines, wie es dem Erzherzog Rudolf in der Kapuzinergruft zuteil wurde, aber ein berühmtes allemal, ein märchenhaftes, das sich allerorten in alten österreichischen Kinderbüchern eingenistet und seine vielfältigen bildhaften Gestaltungen erfahren hat – sei es bei Moritz von Schwind oder, neueren Datums, bei Burkhard Niebert. Was auf diesen Bildern, so unterschiedlich sie im Aufbau und ihrer Dramaturgie auch sein mögen, gleichermaßen zu sehen ist, ist – Parodie pur. Da wird, auf einem Jagd- und Jägerbild eine Beerdigung nicht etwa die eines Tieres durch die Jäger, was an sich schon parodistisch genug wäre, gezeigt, sondern die eines Jägers durch die Tiere. Der Hegel'sche Weltgeist nimmt sich gewissermaßen eine Auszeit vom gewohnten Gang der Dinge. Nicht im Sinne von heidnischer Blutrache an der vermaledeiten Waidmannskunst, sondern im Sinne homerischen Gelächters über die grünen Waffenbrüder. Denn es sind nun die Hasen, die das Fähnlein hinter dem Sarg des Jägers hertragen, es ist die halbe Arche Noah von Tieren, ob Katz' oder Hund, ob Fuchs oder Reh, die musizierender Weise eine Musikkapelle imitieren. Nun, Bremer Stadtmusikanten sind es wohl allesamt eher nicht, dazu fehlt den Tieren mit habsburgischem Pass denn doch ein wenig der revolutionäre Schwung der für die Katzenmusik stehenden Bremer. Aber der, wenn auch toten, Obrigkeit machen sie schon Beine. Sie finden Geschmack am eigenen Defilée, gefallen sich in possierlichen Stellungen und – es ist unschwer zu vermuten – beschallen den Sarg mit solch schrägen Klängen, dass dem Jäger der Parademarsch parodistisch ins kühle Grab geblasen wird. Parodie als befreiendes, karnevaleskes Gelächter fürs Volk, das war schon die Sache eines Rabelais und seines Gargantua. Wobei jener Riese wohl an diesem Leichenbegräbnis auch seine helle Freude gehabt hätte.

Was die Tiere da wohl auf der Waldlichtung gespielt haben könnten? Gewiss denn, wie anders auch, ein Kinderlied; am besten eines, das, weil ja viele Tiere da sind, sehr bekannt sein sollte und für einen mehrstimmigen Kanon sich eignet. Das spräche für den FRÈRE JACQUES, der zudem auch noch schläft, was wiederum vorzüglich zu einem Leichenbegängnis passt. Freilich: So sehr der Jacques auch zur Entfaltung dringt, so wenig will er mit seiner schlichten Melodie in eine Symphonie passen, die gar auch noch den Titel von Jean Pauls Roman DER TITAN trägt. Gleichwohl macht sich der damalige Direktor der Königlich-Ungarischen Oper in Budapest, Gustav Mahler, den diebisch-riskanten Spaß, solches despektierlich-volkstümliche musikalische Material in seine große Orchesterpartitur einzuarbeiten und als Dritten Satz seiner ERSTEN SYMPHONIE vorzustellen. Mit dem herrlichen Erfolg, beim Publikum – Karl Kraus hat darüber berichtet – eine Schockwirkung hervorzurufen, die zwar nicht mit jener von Strawinskys SACRE zu vergleichen ist, aber immerhin.

Ein Kinderlied also zum Leichenkondukt; ein mehrstimmiges Liedl für einen einzelnen toten Jäger, geblasen, gekrächzt und intoniert von allerlei und vielerlei Tieren. Solche Art von befremdlichen Handlungsdramaturgien lassen sich natürlich wiederum nur seinerseits mit den Mitteln der Verfremdung auf die Konzertbühne bringen – der Grundgedanke von Brechts DREIGROSCHENOPER treibt schon im späten 19. Jahrhundert seinen Schalk. So wie der Peachem von zerrissenen Strümpfen zu feinen Galoschen wechselt, so nun umgekehrt der FRÈRE JACQUES von Dur nach Moll. Dunkel-schattig kommt das traurige Trauerliedl daher, aber in genauer Kanonabfolge und genau abgezirkelter Instrumentation: erst Kontrabass, gar mit Dämpfer, dann Fagott, Celli und Tuben, alles in pp. *Das hat es noch nicht gegeben,* – so hat es einmal der Dirigent Michael Gielen über diese Passage gesagt. *Sehr originell, sehr gewagt. Wie viele Tuben das damals, um 1890, spielen konnten? Keine Ahnung.* Doch unabhängig davon, wie gut oder schlecht gespielt – der Jäger entkommt in keinem Fall seinem ihm zugedachten Defilée – der seltsame Kondolenzbesuch von Rammler, Fuchs und Isegrimm lässt in der Tat nur in verstorb'nem Zustand sich ertragen.

Freilich – zum Glück für den Geist des verstorbenen Jägers und zum Glück für die Abwechslung des Konzerthörers hält die recht triste Stimmungslage – die man ohnehin nicht so ganz ernst zu nehmen vermag – nicht allzu lange an. Ab Takt 39 taucht eine andere Klangfarbe auf: eine, im Vergleich zur bislang eher elegisch-verhaltenen, nunmehr grelle. Zwei Oboen setzen ein, kurz darauf gefolgt von zwei Trompeten, die so schräg dazwischen fahren, dass es fast schon an Schostakowitsch' Klavierkonzert gemahnt, in dem eine vorlaute, eitle Trompete gleich am Anfang dem Klavier seinen Galaauftritt vermasselt.

Kaum haben Oboe und Trompete ihre Visitenkarten abgegeben, ereignet sich im Klangbild abermals Neues. Die schrill klingende Es-Klarinette, sinnigerweise bevorzugtes Instrument in Militärkapellen, lässt sich nicht lumpen und bringt, im Zusammenspiel mit Flöte, großer Trommel und türkischem Becken gar – die Besetzung sagt eigentlich schon alles – ein geschwindigkeitsbeschleunigendes, ein wenig an Jahrmarktgedudel und Marktschreierei erinnerndes musikalisches Element ins Spiel. Dabei ist der Höreindruck so eindeutig, dass Mahlers Anweisung *Mit Parodie* fast überflüssig erscheint. Nicht-parodistisch lässt sich das überhaupt nicht musizieren. Es ist ein plötzliches Einsprengsel das da erklingt, ein sperriges, karnevalesk-burleskes Versatzstück – ohne Vorbereitung plötzlich in der Partitur sein Unbill treibend; in der Struktur seiner Unvermitteltheit fast ein wenig an Debussys LA SÉRÉNADE INTERROMPUE erinnernd, in dem, vor dem Hintergrund einer schwül-warmen spanischen Nacht, irgend so ein liebestrunkener Troubadour seine Gitarre, recht störend und dürftig dazu erzirpen lässt, um – vielleicht vor Schreck übers eigene Tun – rasch zu verstummen.

Was geschieht nun mit dem neuen Klangbild einer manifest gewordenen Parodie? Es wird abgefangen. Aber wie? Mit einem genialen Klangfarbenarrangement. Die Streicher übernehmen jene Melodie, die vor dem burlesken Jahrmarktsgedudel in den Oboenstimmen erklang und tauchen es in ein Wiener Klangbad ohnegleichen. So schön ist diese Stelle, dass sie gar nicht anders gespielt werden kann als mit dem ritardando eines echten Wiener Schmäh. Dann wird sich dieses Wechselspiel zwischen den aufmüpfigen Klarinetten und den in habsburgischer Seligkeit dahin schmelzenden Streichern noch einmal wiederholen, bis der Dritte Satz der Symphonie ab Takt 83 in einen anderen Teil übergeht, den man, wenn es unbedingt sein muss, auch als Trio klassifizieren könnte.

Da dieser folgende Teil sich ohnehin als eine Art musikalische Ruhepause gestaltet, wäre ein kurzes Zurückspulen gerade auf jene Klangsequenzen möglich, die so unbekümmert bramarbasierend sich in die Partitur drängen und den Trauerkonduit gehörig aufmischen. Welche imagines sind es, die diese Klänge evozieren? Schwerlich solche, die im TITAN eines Jean Paul beheimatet – sondern eher solche, die an profanes Fest und lustige Person denken lassen, auch an das Bettellied aus Thomas Manns UNORDNUNG UND FRÜHES LEID: *Bettelweibel will Kirfarten gehen, jehjucheh! Bettelmandl will a mitgehn, Tideldumteideh!* Das musikalische Material drängt es offensichtlich zum Marktplatz. Sehr überzeugend und hilfreich in dieser Sache ist der Hinweis, den der Dirigent Michael Gielen bezüglich der Anfangstakte des Dritten Satzes gibt, also der Eröffnung durch den Kontrabass. *Es soll, und der Dämpfer unterstützt das, auch mehr erbärmlich klingen. Da tönt etwas hinein – eher ist das der Gesang eines alten Landstreichers, eines verlumpten Juden im Dorf. Wenn das heute die tollen Bassisten spielen, ist das wahrscheinlich gar nicht richtig.* Mit diesem Hinweis als Fingerzeig schiebt das so zunächst befremdlich wirkende, etwas marktschreierisch und vor allem parodistisch daherkommende Klangelement, das im Anschluss an den Kanon erklingt, den Vorhang seiner Herkunft beiseite und bekennt sich offen zu seinen Wurzeln: es sind platterdings und ohne Scham einfach gestrickte böhmische, rund heraus gesagt – bemmisch-jiddische. Mithin keine musikantisch virtuosen, wie sie gerade auch in Böhmen verbreitet, sondern genügsamere Rhizome, die jene Musik mit Nahrung versorgen, die für's Volk und nicht für den Adel, die im Schtetl und nicht am Hof erklingt. Mithin Musik, die der in Kalište geborene Böhme Gustav Mahler als Sohn eines Schankwirts in seiner Kindheit oft vernommen. Solche Musik wirkt, eingebracht in die Höhenregionen von Kunstmusik oder in die Tiefen einfacher Trauermusik als solche schon parodistisch genug; verspottet auf ihre Weise, darin dem karnevalesken Osterlachen durchaus verwandt, Frack, Robe und Uniform und – nicht nebensächlich das – sich selbst. Darin verwandt dem jiddischen Witz, der auf Kosten seiner selbst sich amüsiert – im Unterschied zum berlinisch-preußischen, der seine Opfer woanders sucht – dies Kalkül merkt man noch den Partituren eines Paul Lincke an.

Bloßer Zufall, gar fehlgesteuerte Witzdramaturgie ist das nicht. Vielmehr ist der musikalische Witz Spiegel eines kontrabassgeschwängerten Lebens im böhmischen oder galizischen Schtetl, für das goldene Träume unerfüllt bleiben. Da torkeln, schlurfen und liegen sie herum, die zerlumpten Existenzen bei Isaac Singer, gelähmt, mit bleichen Gesichtern auf der Bahre liegend, Spindeln und Spulen wickelnd, jiddische Lieder singend. Ein buntscheckiges Menschenknäuel – kahlgeschorene Jungen mit langen, verfilzten Schäferlocken, spuckende Mädchen, Juden mit Pejes in zerschlissenem Kaftan. Diesen armen Teufeln bleiben nur chassidische Geschichten, etwa vom Schlage jener. *Reb Naftuli sagte zu seinem Sohn: ,Ich gebe dir einen Dukaten, wenn du mir sagst, wo Gott ist.' ,Vater', sagte das Kind, ,ich gebe dir tausend Dukaten, wenn du mir sagst, wo Gott nicht ist.'* Kaum ein Rabbi, der da ungeschoren davonkommt, es sei denn, dass er sich selber schert.

So lautet eine der vielen chassidischen Geschichten, wie sie Jiří Mordechai Langer, der Hebräisch-Lehrer Kafkas erzählt, – sie korrespondieren in Form und Inhalt mit jenen Berichten, die Langer über die Andachten in der Synagoge von Belz zu geben weiß. Da sind die in schwarzseidene Festtagskaftane gekleideten Männer, die auf die Ankunft des Rabbi warten; da ist der Rabbi, der bei Einbruch der Dämmerung das Bethaus betritt und mit seinen Psalmweisen den Gläubigen eine solche Verzückung entlockt, dass sie ihre Körper hin und her werfen. Da ist die Kraft des Gebets, das die Seelen von den Sünden befreit; da ist die Gestalt des Rabbi, dessen mächtiger Körper den Ruhm des Höchsten atmet; da ist plötzliche Stille, mystische Vision, feierliche Ruhe am Ende; und da ist, ganz am Ende – Hunger bei den Synagogenbesuchern: *Wir eilten in die Wirtshäuser.*

Da ist alles beisammen: Ernst und Witz, Heiliges und Profanes, Mystik und Ironie, Verzückung und Parodie. Ein kaleidoskopartig chassidisches Lebensgefühl, passend zu der kaleidoskopartigen Partitur des TOTENMARSCHES in Callots Manier. Zumal bemmisch-jiddisch gut zum

Chassidismus passt, ist dieser doch keine gelehrte, sondern popularisierte Kabbala, ohne – da ist Langer vor! – dabei zur *unorganischen Melange* zu werden – genauso wenig, wie dies auf Mahlers Partitur zutrifft. Affinität zur Jahrmarktsbude ist noch lange kein Freibrief für das Eintauchen in einen musikalischen Jargon; der schräge Klang noch kein Anlass für einen Opferkult mit einem vermeintlich Naiven und die Maske der Parodie nicht Grund genug, daraus den Ernst des Lebens zu zimmern. Zumal sich Mahlers Scherzo, also der Dritte Satz, in Parodie nicht erschöpft, ganz im Gegenteil. Denn das, was nun nach dem ersten Ausklingen des FRÈRE JACQUES mit seinen Verfremdungseffekten folgt, ist eine Klangsequenz, die keinerlei, auch nicht die geringste Verspottung verträge. Wehmütig aufspielende Streicher, komplettiert durch zurückhaltend agierende Bläser, tragen, im Sinne einer *schlichten Volksweise*, ein Lied ohne Worte vor. Eines aus der Liedergruppe des FAHRENDEN GESELLEN, in dem es eine Art Traumszene eines unglücklich Liebenden gibt. Eine wundervolle musikalische Impression, ganz und gar aus dem Geist und im Duktus Schuberts komponiert. Das wie ein Muranoglas leuchtende Klanggemälde ist so feinsinnig geschliffen, dass es freilich auch andere Bilder als die eines fahrenden Gesellen zu evozieren vermag. Etwa solche, an eine offene, freundliche Landschaft, die freilich schon die Atmosphäre eines Nachsommers in sich trägt. Wer so etwas in der zweiten Hälfte des 19. Jahrhunderts literarisch zu gestalten vermag, sind Keyserling und Stifter; wer hingegen an solchen Stellen unfreiwillig ins Parodistische, ja peinlich Anmutende überdreht, ist eine Wilhelmine von Hillern, in deren GEIERWALLY sich Sätze finden wie: *Wie die Thräne an den Wimpern der Braut, so zitterte der Frühtau wonnig an Halmen und Büschen.* Würde man solche literarischen Bilder der im Gewand Schuberts daherkommenden Mahler-Sequenz zuordnen, hätte man genau das, was Mahlers Musik an dieser Stelle am allerwenigsten vertragen könnte: Parodie. Denn je schöner der österreichische Volkston getroffen, umso verletzbarer ist er, weil er auf seiner Gratwanderung zwischen Gefallen und Gefälligkeit Gefahr läuft, zum Kitsch zu verkommen. Was indes zum F-Dur des Mittelteils des Dritten Satzes sich unschwer fügt, wären wohl Sätze wie: *Die Wäldchen, die die unzähligen Hügel krönten, glänzten auch in dieser späten Zeit des Jahres entweder goldgelb in dem unverlorenen Schmuck des Laubes oder röthlich oder es zogen sich bunte Streifen durch das dunkle bergan klimmende Grün der Föhren empor. Und über alldem war doch ein blauer sanfter Hauch, der es milderte und ihm einen lieben Reiz gab. Ich tauchte meine ganze Seele in den holden Spätduft, der alles umschleierte ....* Eine Passage aus Stifters NACHSOMMER, schön, empfindsam, empfindlich, verletzbar, damit ein Recht auf Unverletzbarkeit beanspruchend. Gleiches gilt für Mahlers F-Dur Mittelteil – vom bemmisch-jiddischen Element bleibt er verschont.

Abgelöst wird dieser Teil von dem wieder zurückkehrenden FRÈRE JACQUES Kanon, der das ganze Scherzo, rondogleich, formal zusammenhält. Dass diesem bei erstbester Gelegenheit – und die ergibt sich schon nach wenig mehr als einem Dutzend Takten – gleich wieder das böhmische Gedudel um die Ohren fliegt, lässt unschwer sich denken – zu sehr hat der seltsame Leichenzug der Tiere sich an Schellenbaum und Narrenkappe gewöhnt. Nachdem auch dieses musikantische Unikat mit einem Unikum abgeflaut (Mahlers Anweisung betreffs der Violinstimmen lautet: *Kein Irrtum! Mit dem Holz zu streichen.*) lautet die Regieanweisung bei Ziffer 16: *Plötzlich viel schneller* – und die Bläser treiben vergnügt und grell wieder ihr Unheil, bis dann der so seltsame Trauerzug in leisestem pianissimo langsam in der Ferne verschwindet. Wer den letzten Ton zu sagen hat, ist – der Kontrabass.

Solche Brüche müssen natürlich nicht unbedingt gefallen. Nicht einmal berühmten Mahler-Dirigenten wie Michael Gielen. Er sagt zu dieser Stelle: *Man wird nicht so recht glücklich wie sonst, wenn er, Mahler, in einen kunstvollen Satz Vulgärmusik hineinbringt – zum Beispiel im Dritten Satz der Ersten, bei ,Plötzlich viel schneller' und ,Äußerst rhythmisch' Ziffer 16, wo das Vulgäre hereinbricht, wo die ,Bemmen', die Böhmen mit ihrer Kapelle dreinfahren in diese Callotsche Progression des Kanons.*

So erzeugen sie mithin noch heute ihre Irritationen und Befremdungen, die Mahler'schen Brüche, Sprünge und Zäsuren. Und doch sind sie, selbst 1893, so ganz neu und solitär nicht. Jedwede Avantgarde hat ihre Vorläufer. Wer, gut 30 Jahre vor der Titanpartitur, an einer literarischen Schnitttechnik sich versuchte und sogleich zur Meisterschaft erhob, ist Gustave Flaubert. In seinem Roman MADAME BOVARY findet sich jene berühmte Szene, in der die Beschreibung einer landwirtschaftlichen Festveranstaltung zum Experiment mit zwei unvereinbaren Diskurs- und Handlungsebenen wird. Da ist einerseits ein aufgeblähter, schwadronierender Präfekturrat – eine Art französischer Variante zu jenen aus dem Jean Paul'schen Wusterhausen – der über blühenden Handel, Zivilisation, Fortschritt und Nützlichkeit räsoniert; und da ist andererseits ein Skandalpaar, Rodolphe und Emma, das, kontrapunktisch zur landwirtschaftlichen Festrede, seinen eigenen Diskurs pflegt. Phrasendrescherei wechselt ab mit Liebesgeplänkel, verbunden einzig durch harte Diagonalschnitte. Das ergibt eine literarische Collage, die, am Vorabend der Erfindung des Films, wie ein Drehbuch daher kommt.

,Gute Gesamtbewirtschaftung' rief der Präsident.
,Damals zum Beispiel, als ich zu Ihnen gekommen bin.'
,Düngung.'
,Wie ich heute Abend bleibe, morgen, die nächsten Tage, mein Leben lang.'
,Für einen Meriner Schafbock.'
,Aber Sie vergessen mich, ich werde wie ein Schatten verschwinden.'

,Schweinisch.'
,Oh, danke, Sie weisen mich nicht ab.'
,Flämische Mast'
Rodolphe sprach nicht mehr. Sie schauten sich an und wie von selbst ver-
schlangen sich ihre Finger ineinander.

So wie Flaubert aus den Partikeln Schafzucht und Schweinemast, Begehren und Berühren eine Textcollage erstellt, so schichtet Mahler aus Toten-marsch und Volksbelustigung, Parodie und Elegie eine Klangcollage, die selbst nicht so recht weiß, wie sie sich verstehen soll. Als Ganzes, weil in Form eines Scherzo daherkommend, oder als Kaleidoskop, weil die Form scherzhaft unterlaufend. Sind der Einzelheiten viele, neigen sie zur Ver-einzelung. Ist die Gänze das Einzige, neigt das Ganze zur Verallgemeine-rung des Einzelnen. Das erzeugt Aporien. *Nicht harmonisch,* so Adorno in seiner Mahler Monographie, *stimmen Einzelnes und Ganzes zusammen, wie im Wiener Klassizismus. Ihr Verhältnis ist aporetisch.*

Wie, so wäre nun also im vorliegenden Fall zu fragen, ist Mahlers Lösung der Aporie zu charakterisieren? Setzt er auf das Nebeneinander, auf das Unvermittelte der soeben aufgezeigten Einzelelemente und ver-weigert damit bewusst die Erzeugung eines Ganzen, oder stilisiert er ins-geheim doch den Trauerkondukt zum musikalischen primus inter pares des Dritten Satzes, zumal das Scherzo leise mit dem FRÈRE JACQUES Kanon ausklingt? Bevor eilfertige Antwort versucht, wäre an einen Gedanken zu erinnern, den Joachim Kaiser in seinem Buch über die Beet-hoven'schen Klaviersonaten geäußert hat: den, dass Pianisten zwar oft-mals wenig Überzeugendes über die Sonaten, die sie spielen, sagen kön-nen, ihre musikalischen Interpretationen aber sehr wertvoll für das Partiturverständnis sind. Befragt man vor diesem Hintergrund verschie-dene Mahler-Einspielungen miteinander, dann erhält man, überraschend genug, keine eindeutige Antwort auf die Frage nach der Lösung der Apo-rie. Die Interpretationen liefern Pluralität der Kommentare.

Etwas holzschnittartig vereinfacht, ließe sich der eine Interpreta-tionspol als derjenige ausmachen, der das Einzelne als Vereinzeltes heraushebt und betont. Der Klang erhält Schraffur, wirft Schlagschatten und Lichteffekte. Die Parodie, die Verlachkultur bleibt das Nicht-Identische im Prozess des auf Identität verpflichteten, unverdrossen ablaufenden Kanons. Der andere Interpretationspol wäre eher jener, in der die so entgegengesetzten Einzelheiten mittels größter Klangraffinesse zu einem geschlossen wirkenden Klangganzen, zu einem vorsichtig zurückhaltenden Klangrausch verwoben werden. Das parodistische Ele-ment mutiert vom Nicht-Identischen zu einem delikaten Farbtupfer, der dem Ganzen, in der Rolle als Kontrapost, die Identität des Ganzen zu verwirklichen hilft. Die Einspielung von Hermann Scherchen mit den Wienern aus dem Jahre 1953 könnte für die erstgenannte; die Einspielung mit Fabio Luigi und den Wiener Symphonikern von 2012 für die zweitgenannte Variante stehen.

Verdankt sich dieses Ergebnis nur der Notwendigkeit künstlerischer Freiheit oder spiegelt sich da, gewissermaßen unbemerkt, auf der Rückseite der Partitur ein ganz anderer Vorgang – nämlich der einer technischen Reproduktion wider, der gerade während der Entstehungszeit der Ersten Symphonie von großer kultureller Bedeutung war?

Mahlers Scherzo-Partitur – und natürlich nicht nur diese – entpuppt sich als eine aus disparatem Klangmaterial zusammengefügte. Sie evoziert Bilder verschiedenster Art; präsentiert sich als eine Art musikalischer Gemäldegalerie, deren Hängungsleitfaden weniger auf thematische Einheit, denn auf bunte Vielfalt aus ist. Sie schmiegen sich nicht an, diese Bilder, gleiten nicht ineinander über, führen nicht den Blick aus dem einen Rahmen hinaus in den anderen hinein, sondern gefallen sich im Perplex des plötzlichen Erstaunens über das Neue, manchmal adhocartig sich Einstellende. Mithin haben die musikalischen Brüche, die plötzlichen Tempowechsel, die ohne Vorwarnung einsetzenden parodistischen Elemente ihre genuine Funktion: sie sorgen dafür, dass die imagines ruckartig weiterbewegt werden.

Dieses Verfahren entspricht der Technik jenes Apparats, der Ende des 19. Jahrhunderts seine Blütezeit hatte und der einem Walter Benjamin wie einem Franz Kafka so zusagte: der des so genannten Kaiserpanoramas. Was jenes auf seiner Schauwand den Zuschauern präsentierte, war eine Welt der ruhenden Bilder, die wiederum über die Curiositas, Geschehnisse, Fremdartigkeiten der Welt den Zuschauer in Kenntnis setzten. Zuschauer, das waren vor allem Kinder, die dem Kaiserpanorama bis zum Schluss die Treue hielten, jenen Reise- und Phantasiebildern auf der Schauwand so zugetan wie dem FRÈRE JACQUES Kanon auf des Jägers Waldlichtung. Sie enthalten eben alle ihre märchenhaften, archaischmystischen Elemente – die Panoramabilder, chassidischen Geschichten und jiddischen Klänge. Daher ihre Affinität zur kindlichen Phantastik. Und so, wie die Erzählungen des Rabbi oder die Melodien der böhmischen Kapelle sich zu Recht um Logik und Kontinuität wenig scheren, so ist das Kaiserpanorama auch darin im Recht, eine diskontinuierliche Erzählkunst walten zu lassen: Die Bilder werden einfach aneinandergereiht und jedes präsentiert sich stolz als ganzes Einzelnes im Panoramarund des Ganzen. Wobei es die Nahtstelle des Übergangs von einem Bild zum nächsten ist, die, liest man die Beschreibung von Walter Benjamin, hellhörig macht: denn das Kaiserpanorama schert sich keinen Deut darum, den Übergang, den Bruch gewissermaßen zu kaschieren, ganz im Gegenteil. *Musik ... gab es im Kaiserpanorama nicht. Mir schien ein kleiner eigentlich störender Effekt ihr überlegen. Das war ein Klingeln, welches wenige Sekun-*

den, ehe das Bild ruckweise abzog, um erst eine Lücke und dann das nächste freizugeben, anschlug.

Aus dieser Perspektive entpuppen sich die, einen Gielen so befremdenden Mahler'schen Zäsuren und Klangschnittflächen als die in Musik gegossenen Klingeltöne eines Kaiserpanoramas, das sich wiederum in der Form eines Scherzo symphonisch präsentiert. Bezeichnend, dass es die ältere Einspielung der Mahler Symphonie aus dem Jahre 1953 ist, die diese Interpretationssicht zulässt. Natürlich hat das Kaiserpanorama dem Zeitgeist seinen Tribut zollen müssen. Bilder präsentieren sich schon zu Beginn des 20. Jahrhunderts in anderer Weise. Das Medium, das nun die Vorherrschaft übernimmt, ist der Film, der sogleich vom Jahrmarkt in den großen Saal umzieht. Er zelebriert, was das Kaiserpanorama, etwas unbeholfen in seiner Art, nicht vermochte: den eleganten Bildverlauf, den raffinierten Bildschnitt, das Vor- und Rückblenden. Diese Technik ist Mahlers Partituren gewiss nicht fremd – zumindest lassen sie sich so inszenieren. Das Ineinanderfließen verschiedener Klangfarben und -schraffuren, das Collagieren verschiedener Atmosphären und Stimmungslagen, das Einpassen des disparat Einzelnen in ein perfekt erzeugtes, orchestrales Klangganzes ermöglicht einen symphonischen Bilderverlauf im Sinne eines Films von Marcel Carnet. Das einstige, etwas rustikal anmutende Integrieren einzelner Bilder unter der leisen Vorherrschaft des ambivalenten Trauermarsches weicht nun der Erzeugung einer Klangfläche, die in der Lage ist, die musikalischen Reibungskräfte abzumildern, ohne dass ein Informationsverlust entstünde. Die Aufnahme von 2012 beweist das. Sie gleicht einer Art mathematischer Landau-Dämpfung auf dem Gebiet der Musik. Aus dem Kaiserpanorama ist ein Film geworden.

denken

Es ist ein solitärer Text, ungewöhnlich auch innerhalb des Gesamtwerks des Autors. Knapp im Umfang, altertümlich in der Sprache, ruhig in den Bildern, bedächtig im Rhythmus, hermetisch in seiner Abgeschlossenheit. Versehen mit einem ungewöhnlichen Titel: DER FELDWEG. Womit deutlich wird, wer der Autor ist: Martin Heidegger.

Der Text setzt folgendermaßen ein:

Er läuft aus dem Hofgartentor zum Ehnried. Die alten Linden des Schlossgartens schauen ihm über die Mauer nach, mag er um die Osterzeit hell zwischen den aufgehenden Saaten und erwachenden Wiesen leuchten oder um Weihnachten unter Schneewehen hinter dem nächsten Hügel verschwinden. Vom Feldkreuz biegt er auf den Wald zu. An dessen Saum vorbei grüßt er eine hohe Eiche, unter der eine roh gezimmerte Bank steht.

Was sich hier entfaltet, ist eine ländlich-bäuerliche Welt. Aufgehende Saaten und erwachende Wiesen prägen sie ebenso wie der Waldsaum und – verwittertes feudalistisches Erbe – der Schlossgarten. Keinesfalls liegt hier nur eine zum Stillstand geronnene bloße Landschaftsaufnahme vor. Vielmehr ist der Raum in Zeit getaucht. Ostern und Weihnachten symbolisieren den Jahreskreislauf. Im Mittelpunkt des Ganzen der Feldweg. Keine bloße Wegverbindung von A nach B, kein bloßes Mittel zum Zweck der Transportbeförderung, kein bloß Zuhandenes. Eher etwas Welt-Spendendes; daher seine Personifizierung. Zudem ein Weg, der die Wege des Denkens begleitet. Wie es die roh gezimmerte Bank sogleich anzeigen wird. Denn auf ihr liegt bisweilen eine Schrift.

Darauf lag bisweilen die eine oder die andere Schrift der großen Denker, die eine junge Unbeholfenheit zu entziffern versuchte. Wenn die Rätsel einander sich drängten und kein Ausweg sich bot, half der Feldweg. Denn er geleitet den Fuß auf wendigem Pfad still durch die Weite des kargen Landes.

Eine junge Unbeholfenheit, eine zu entziffernde Schrift großer Denker, einander drängende Rätsel, ein helfender Feldweg. Wie lässt sich ein mit solchen Elementen versehenes Bild seinerseits entziffern? So, und zwar so, dass seine Ästhetik und Würde gewährleistet wird, aber zugleich auch so, dass die Sache des Denkens sich einer vorsichtigen Transformation ins Konkrete nicht gänzlich verweigert.

Zunächst: die roh gezimmerte Bank steht für Stille, Abgeschlossenheit. Denken ist ein einsames Tun. Ist kein Wissens- und Produktaneignungslernen, sondern ein ständiges Erkunden und Entziffern mit der Gefahr des Scheiterns; ist Arbeit an unübersteigbar sich türmenden

Schwierigkeiten. Daher die Rede von der jungen Unbeholfenheit, die heutzutage, im Zeitalter von basic abilities und Qualifikationsstandards wohl als Beleidigung am homo competens aufgefasst würde.

In welcher Weise der Feldweg beim Lösen der Rätsel hilft, deutet der nächste Abschnitt an, indem er eine Analogie zwischen denkerischer Tätigkeit und bäuerlicher Arbeit herstellt.

Immer wieder geht zuweilen das Denken in den gleichen Schriften oder bei eigenen Versuchen auf dem Pfad, den der Feldweg durch die Flur zieht. Dieser bleibt dem Schritt des Denkenden so nahe wie dem Schritt des Landmannes, der in der Morgenstunde zum Mähen geht.

Was hier angesprochen, ist die Beziehung der Tätigkeit des Denkens zur Tätigkeit des Landmannes. Denken ist demnach kein abgehobenes, um sich selbst kreisendes Tun, sondern ist, sofern es sich dem Feldweg anvertraut, in den ländlichen Arbeitsvollzug und Jahreskreislauf der Natur eingebunden. Die Hütte vom Todtnauberg ist dafür ein Gleichnis. Das Denken selbst konkretisiert sich im Bild jener Schrift großer Denker, die bisweilen auf der roh gezimmerten Bank liegt. Denn von dieser lässt sich sagen, dass sie jenen Leser, der strebend sich um sie bemüht, an die Hand nimmt und ihm bereitwillig seine Grundstruktur offenlegt. Deshalb, weil ein bedeutendes Werk – bei dem es sich auch um ein von van Gogh Gemälde oder um eine Schubert Sonate handeln kann – über solche Ordnungsmuster, über Pfade des Schauens, Hörens und Denkens verfügt. Jener jungen Unbeholfenheit, um ein Beispiel zu bemühen, wird Kant irgendwann dabei helfen, zu der Einsicht zu gelangen, dass die Idee der bloß spekulativen Vernunft erst durch das Sittengesetz eine moralisch-praktische Realität gewinnt und damit der Zusammenhang zwischen reiner und praktischer Vernunft theoretisch abgesichert ist. Freilich muss diese Einsicht beim Leser selber reifen, die Schrift kann ihn nur begleiten und andeuten, ob der ausgesuchte Pfad der richtige ist oder in die Irre führt. Eine Lösungsbroschüre fände jedenfalls keinen Platz auf der roh gezimmerten Bank. Eine solchermaßen sich orientierende Lektüre verfügt über keinerlei Eigenpotential, ist mithin überhaupt kein Denken.

Folgen wir nun den Spuren des Feldweges weiter. Der Blick weitet sich, wendet sich von der gezimmerten Bank zu der Eiche, die für Wachstum steht.

Indessen begannen Härte und Geruch des Eichenholzes vernehmlicher von der Langsamkeit und Stete zu sprechen, mit denen der Baum wächst. Die Eiche selber sprach, dass in solchem Wachstum allein gegründet ist, was dauert und fruchtet: dass wachsen heißt: der Weite des Himmels sich öffnen und zugleich in das Dunkel der Erde wurzeln; dass alles Gediegene nur gedeiht, wenn der Mensch gleich recht beides ist: bereit dem Anspruch des höchsten Himmels und aufgehoben im Schutz der tragenden Erde.

Die Welt des Feldwegs ist keine, die künstlich expandiert, sondern eine, die natürlich gedeiht. Wachsen lassen ist etwas anderes als konstruiert werden. Der Feldweg spiegelt auf seine Weise den jahreszeitlich unwandelbar wandelbaren Vorgang des Werdens und Vergehens. Ob Sommer, Erntezeit oder Nebel – *immer und von überall her steht um den Feldweg der Zuspruch des Selben: Das Einfache verwahrt das Rätsel des Bleibenden und des Großen. Unvermittelt kehrt es bei den Menschen ein und braucht doch ein langes Gedeihen. Im Unscheinbaren des immer Selben verbirgt es seinen Segen. Die Weite aller gewachsenen Dinge, die um den Feldweg verweilen, spendet Welt.*

Selbstverständlich liegt hier ein Bild vor, das auf literarische Weise die Anwesenheit des Seins, ohne es zu benennen, behutsam zur Sprache bringt. Einer Konkretisierung verweigerte dieses Bild sich zu Recht. Gleichwohl ließe sich eine solche andeuten, gerieten wenigstens für eine Momentaufnahme, die Schriften der Meister, die da gelegentlich auf der roh gezimmerten Bank liegen, in den Mittelpunkt der Aufmerksamkeit. Was ist damit gewonnen?

Vielleicht die Möglichkeit, eine zentrale Stelle in Heideggers Text leicht abzuändern. Die Welt des Feldwegs, so wurde deutlich, erweitert sich. Deshalb der Satz, dass der Feldweg, durch all die stetig wachsenden Dinge, die ihn umsetzen, Welt spendet. Nun lautete in unserer Variante der Satz: Die Schriften der Meister spenden Welt. Das scheint indes keine neue Perspektive zu eröffnen, da diese Werke, so zeigte es sich zuvor, auf ihre jeweilig eigene innere Ordnung und Logik verweisen und damit der jungen Unbeholfenheit beim Entziffern helfen. Nun aber, da die Welt des Feldwegs sich in seiner ganzen Fülle zeigt, könnte man sagen, dass eine bedeutende Schrift immer auch über sich selbst hinausweist. Gipfelwerke wurzeln selbst auch in einer langen, stetig wachsenden Tradition und öffnen sich in die Weite der Zukunft. Sie stehen potentiell im Dialog miteinander, den zu aktivieren, eine beglückende Aufgabe für denjenigen sein kann, der dem Zuspruch dieser Werke zu entsprechen weiß.

So laufen etwa, um wiederum ein kleines Beispiel anzuführen, im Finalsatz von Schuberts 9. SYMPHONIE, der zwischen Lebensfreude und dem düsteren d-moll Todesmotiv aus dem DON GIOVANNI changiert, die musikalischen Linien auf einen unheilvoll anmutenden Akkord zu, in dem die Klangwelt sich so sehr ballt, dass die Musik, erschöpft von ihrer eigenen Aussage, zunächst in einer längeren Pause innehält. Jahrzehnte später wird dasselbe Ereignis im Finalsatz der 9. SYMPHONIE von Bruckner vorkommen. Ziemlich gegen Ende des Werks taucht in der Partitur ein in harmonischer Hinsicht nicht eindeutig zu bestimmender Akkord auf, ein Klang, der einem Schrei der Verzweiflung gleicht, einer, nach dem die Musik scheinbar nicht mehr weitergehen kann. Der Ordo-Gedanke ist an dieser Stelle dem Domorganisten Bruckner zerbrochen, wenngleich er sich, so der Dirigent Michael Gielen, in den Schlusspassagen wieder in den *Lehnsessel zurücklehnt.* Obwohl also Bruckner, wie Schubert auch, an der Möglichkeit einer finalen symphonischen Aussage im Sinne der Noch-Klassik festhalten, sind die den Partituren wie Sprengsätze innewohnenden Klangbrüche und Aufschichtungen nun einmal in der Welt. Das, was ein Brahms noch zu vermeiden suchte, das Reißen eines fortlaufenden symphonischen Erzählfadens, wird zum kompositorischen Struktur-merkmal. Die Werke künden, über sich selbst hinausweisend, ein neues Zeitalter an: das der Moderne. Erkennend hören wird dies freilich nur der-jenige, der sich dem Anspruch der Werke stellt und ihrem Zuspruch ent-spricht.

Lässt diese Art von Denkwelt sich in gegenwärtige Kontexte imple-mentieren, etwa in einen *Denkort* wie die moderne Universität? Nein. Allein schon deshalb nicht, weil diese, ihrem eigenen Selbstverständnis nach, gar nicht anders könnte, als *Denkzeit* in Workloading-Faktoren und *Denkeffizienz* in Rankinglisten zu übersetzen. Mit so etwas hat der Feld-weg nichts zu tun – er ist stolzer als man denkt.

Am Ende läuft der Feldweg, ganz dem Gedanken des Kreislaufs fol-gend, wieder zu seinem Ausgangspunkt zurück. Das Schlussbild, das hier nur in gekürzter Form wiedergegeben werden kann, ist eine Art literari-scher Höhepunkt. Dabei bietet es keinen Handlungsplot, sondern, ganz dem Wesen des übrigen Textes entsprechend, Zurückhaltung, ja größt-mögliche Stille. Versehen mit Elementen, wie Schloss, Kirche und Glocke, als auch mit solchen, wie Zuspruch, Verzicht und Heimat, taucht es seine Entzifferung in ein Rätsel.

Vom Ehnried kehrt der Weg zurück zum Hofgartentor. Über den letzten Hügel hinweg führt sein schmales Band durch eine flache Senke hin bis an die Stadtmauer. Matt leuchtet es im Sternenschein. Hinter dem Schloss ragt der Turm der St. Martinskirche. Langsam, fast zögernd, verhallen elf Stun-denschläge in der Nacht. Die alte Glocke ... zittert unter den Schlägen des Stundenhammers ... Die Stille wird mit seinem letzten Schlag noch stiller ... Der Zuspruch des Feldwegs ist jetzt ganz deutlich. Spricht die Seele? Spricht die Welt? Spricht Gott?

Alles spricht den Verzicht in das Selbe. Der Verzicht nimmt nicht. Der Ver-zicht gibt. Er gibt die unerschöpfliche Kraft des Einfachen. Der Zuspruch macht heimisch in einer langen Herkunft.

Eine Welt, die ihre eigene, wenngleich schwer erschließbare Sprache spricht. Gleichwohl lässt sich noch einmal von diesen Passagen aus das bestimmen, was die Welt des Denkens ausmacht. Denken ist ein in Zeit eingebundenes Tun, weil in seiner eigenen Tradition wurzelnd; es ist ein Entsprechen gegenüber dem Zuspruch eben dieser Tradition; es ist ein Verzichten auf eigene Selbsterhöhung um der Entgegennahme jenes Selben willens, das die Tradition in ihrer langen Herkunft birgt. Denn bei aller Vielfalt des Gedachten über den Menschen – sei er frei oder determiniert, vernünftig oder triebbestimmt – kehrt doch alles Gedachte immer wieder zu dem Selben der einfachen Frage der Sphinx zurück, jener: Wer er denn sei, der Mensch.

enthüllen

An Wuchs und Aussehen
berühmt und göttergleich,
bin ich, Nausikaa, des ruhmvoll
Königs Akinoos und seiner Gemahlin Aréte
einzige Tochter.
Noch jung an Jahren und unbezwungen
in meines Mädchens Reinheit,
war ich es, die einst am Ufer unseres Phäakenlandes
erblickte einen Fremdling,
der, hingeworfen von den Wellen des unzähmbaren Meeres,
aus tiefem Schlaf erwachend,
entblößt, salzverkrustet vom Wasser,
bedeckt nur mit einem Laubzweig vor mir stand.
Er schien einem Löwen gleichend
an mächtig Wuchs und kühnem Mut,
so dass ich, gleich meinen Gespielinnen,
die ich geführt zu diesem Gestade,
geflohen wäre, hätte ich nicht in der Nacht zuvor
einen Traum gehabt, den gewiss eine Göttin mir eingegeben.
Säumig, so sprach Es zu mir, dürfe ich nicht sein,
mein' Sorge solle den schönen Kleidern gelten,
die auf das Reinlichste zu waschen seien,
denn an der Kleider untadeligen Pflege,
entzünde sich der gute Ruf der Trägerin,
der besonders deshalb zu bewahren sei,
weil eine Hochzeit sich ankünde,
in naher Zukunft.
Fast, dass dieser Traum mich zum Erröten brachte,
zum blank' Erstaunen ganz gewiss.

So ging ich an dem gleichen Morgen zum königlichen Vater,
erbittend mir den Maultierwagen,
um mit den Mägden rasch zu fahren zu dem Fluss,
zu reinigen die schimmernde Wäsche.
Der Vater befahl sorglich das Nötigste,
wir zogen so, beladen schwer mit
Speis' und Wein, mit Salböl und Gewänder,
hinab zu jener Stelle, da quillt am Fluss
das reinste Wasser und reinigt die schmutz'gen Sachen.

Da wir uns dann erfreuten am Spiel
des harmlos zugeworf'nen Balles,
fiel dieser ungewollt in einen tiefen Strudel
darob erhoben die Gespielinnen laut Geschrei.

Davon erwachte jener Fremde, von dem uns nicht bekannt, wer er denn war.
Alleingelassen von den angstvoll fliehenden Gespielinnen,
stand ich vor dem so wild aussehend' Mann,
der, gesittet' Abstand zu mir haltend,
– ganz offenbar sich nicht getrauend,
mir meine Knie zu umfassen -
mit schmeichelnd, wohlgesetzten Worten
für sich, den Fremden, der schon so Schlimmes musst erleiden,
Gastfreundschaft zu erbitten
in diesem unbekannten Land.
Noch mehr treffliche Worte drangen an mein Ohr,
so etwa jene, dass ich, das sterblich Mädchen,
der schönste Spross sei, den der Erde sich entwandt,
an Aussehen und Wuchs der Göttin Artemis gleichend.
Obwohl die Worte mich Erbeben machten,
enthüllte ich mein Innerstes nicht.

Phäakischer Sitte und Gebräuchen gemäß
überließ ich, das unbescholtene Mädchen,
in der der Fremde den schönsten Spross,
der der Erde sich entwandt, erblickte,
dem Unglücksmann die von mir mitgeführten Dinge,
wie Speis' und Trank, Salböl und Kleider.
Und als der Fremdling nach vollzogener Salbung,
Anlegen der Kleider, genossener Speis und Trank,
der Sonne sein Gestalt und Wuchs gezeigt,
erschien er mir gleich jenen Göttern,
die, fernab von uns, den weiten Himmel dort bewohnen.

Der Anblick dieses göttergleichen Mannes
entlockte mir die beredten Worte,
mit denen ich mein Innerstes enthüllte
und die ich zu den Freundinnen sprach:
Könnte ein solcher Mann mir doch
mein Gatte genannt sein.
Und hier wohnen; gefiele ihm doch,
zu bleiben hier für immer.
Doch blieb der Traum mir wohl versagt.

Zwar folgt' der Fremde jenem Weg,
den ich ihm wies, hin zu des Vaters Haus
– selbst konnt' ich ihm keine Begleiterin sein,
sonst hätt' ich meinen tadellosen Ruf zerstört -
zwar ward er dort auf's Fürstlichste bewirtet
zwar gab er Kunde von seinen Irrfahrten viel,
zwar entdeckte er uns, wie er genannt,
Odysseus, der Vielerprobte,
doch zog es ihn unwiderstehlich hin
zu seiner Heimat Ithaka,
zu der Gemahlin und zu dem Sohn.
So blieb mir nur, zum Abschied denn
an ihn das Wort zu richten,
er solle mein' gedenken, die einstens ihn,
den hilflos Fremden entdeckt
und Gastfreundschaft ihm angeboten.
Seine Antwort war zwar schmuckreich,
freundlich, doch völlig unverbindlich,
er würde mich, zu Hause angekommen,
dort wie einen Gott verehren.
Sprach's, doch kein Gott hat ihn,
den nunmehr dem zu Schiffe Eilenden,
dazu gebracht, ein liebend Blick
auf mich zu richten.

ᨏᨏᨏᨏᨏᨏᨏ

An junger Weiblichkeit schön anzuschauen,
ein Muster denn an Liebreiz,
geschmückt mit wundervollem braunen Haar,
schlank von Gestalt, anmutig gar,
fast zur Zerbrechlichkeit schon neigend,
bin ich Gertrude MacDowell,
die irische Nausikaa, gewöhnlich kurz Gerty genannt.
Nach viel Jahrhundert' tiefem Schlaf,
bin ich erwacht zu neuem Leben,
gesendet fort von griechischen Gewässern,
hin zu dem irisch Strand von Sandymount.
Bin nun kein Königskind denn mehr,
aber doch ein Mädchen mit solcher
angeboren königlich' hauteur,
dass, hätt' ein freundlich' Geschick
es so gewollt, ich wohl als Edelfräulein
wär' geboren.
So hätte ich, geschmückt mit herrlich'

Gewändern und Juwelen reich,
viel Freier angezogen,
um ihre Huldigungen zu empfangen.

Obwohl göttergleich nicht mehr,
wie einst im phäakischen Land,
bin ich Verehrerin der Göttin Mode,
gepflegt gekleidet von Kopf bis Fuß,
vom eleganten Hut bis zu dem schönen Schnallenschuh,
versehen mit seiden durchsicht'gem Strumpf sogar,
der die schimmernde Wäsche meiner griechischen Tage noch übertrifft.
So – gleichend einer Modekönigin,
die mit Gewissheit in schönem Irland
nicht ihresgleichen hat -
war ich es, die den fremden Mann erblickte,
der am Meeresufer seinen Strandspaziergang machte.
In Gesellschaft war ich hier,
nicht, wie einst in Griechenland,
mit meinen Mägden, sondern,
da nun keine Königstochter mehr,
mit zwei Frauen, jung wie ich,
die eine, Mutter eines Babys schon,
die andere, Schwester von zwei kleinen Buben.
Die Kinder waren es, die mit dem Ball gar heftig spielten, so sehr,
dass er den Abhang hinunterrollte,
genau auf jenen Mann hinzu, der dort unten stand.
Er war es, der den Ball zurück uns warf,
doch so, dass dieser, sei's durch Zufall,
sei's durch Absicht, unter meinem Rock zu liegen kam.
Erröten wandelte mich an.

Doch so, wie einst als griechisch' Königstochter
gewappnet durch den göttergleichen Traum,
ich ganz allein dem so entblößten Odysseus entgegentrat,
so war auch hier Entschlusskraft nötig,
den Rock zu heben, um so den Ball
den Kindern zuzuspielen, wohl wissend,
der Fremde blicke aufmerksam mir zu.
Und so, wie einst am südlich heißen Strand,
mir vorgeschrieben, Gastfreundschaft
dem Fremden zu entbieten,
so galt ein ähnliches Gesetz auch hier.
Ich sollt' den Fremden fesselnd an mich ziehn,

wie ich zugleich zu ihm mich hingezogen fühlte.
Zu ihm, dem Mann mit wundervollen,
dunklen Augen und, so wollt mir's scheinen,
mit traurig, geistvollem Gesicht.
Vom Traurigsein – was immer auch die Ursach' sei –
wollt ich ihn heilen, mit Liebe und Balsam des Herzens.
So träumt ich mir, wie einst den Odysseus,
dem fremden Mann mir zum Gemahl,
zum einzig Einzigartigen,
dem in die Welt zu folgen,
mir Befehl des Herzens sei.

Jetzt erst begriff ich, was zuvor ich kaum verstand,
warum ich ungewohnte Kleider hat' zu tragen.
Die Strümpfe, die Er doch sehen sollte,
die Schnallenschuhe, die meinen Fuß so kleiden,
den Hut, der, zur rechten Zeit keck abgesetzt,
mein schönes Haar für Ihn zur Geltung bringt.
So kam ich dem entfernt da drüben harrend' Mann
in Gedanken immer näher,
befragt mich selbst, ob er wohl
Eh'mann sei, ein Witwer gar, oder
vielleicht ein unglücksel'ger Edelmann aus südlich heißem Land.
Ich sah, wohl mehr in meiner Phantasie,
in seinen Augen männlich Feuer,
Leidenschaft, die nur für mich entfacht.
So wurd' ich selbst nun von einer Leidenschaft erfasst
– nicht geziemend phäakischer Sitte–
gleich jenem Feuerwerk,
das nun, zur selben Zeit, am Strand von Sandymouth
am nächtlich Himmel aufgeleuchtet.
Überwältigt gar von diesem und wohl auch von mir,
bot ich, weit zurückgelehnt, dem Blick
des fremden Mannes eine herrliche Enthüllung,
die für mich selbst, bis dahin,
ganz undenkbar war.

⤙⤙⤙⤙⤙⤙⤙

So sehr ich doch mein' Rang
als göttergleiche Königstochter zu schätzen weiß,
so sehr hat mir mein Dasein als Gertrude
neu Erfahrung nun geschenkt.
Doch habe ich, als griechische Nausikaa einst,
wohl mehr geliebt, den Fremden,

der mich so wenig hat verstanden,
der so verwundet mich durch sein Nicht-Verstehn,
was gleichwohl ich nicht zeigen durfte,
sollt ich gefährden nicht gar meinen Ruf.
Als Gerty war der fremde Mann,
des Namen ich doch nie erfahren sollte,
mir doch mehr Anlass für die eignen
Träume von Hochzeit, Eh' und Zweisamkeit.
Doch wurde mir auch jetzt
das Erhoffte nicht geschenkt.
Wie einst, tief unten im phäakischen Land,
musst ich auch diesmal stumm
von jenem Fremden scheiden,
mit dem ich nie ein Wort gewechselt.
So schenkt ich ihm ein Lächeln,
ein halbes, süß verzeihendes, den Tränen nah
und ging, ohne zurückzublicken,
langsam den Strand entlang,
zurück zu den Freundinnen.
Tränen – gewiss, doch solcher Schmerz war's diesmal nicht,
der stumm im Innern sich verschließt
und dort verzehrend Feuer wild entfacht.

So zieht mein Geist mich nun ins Schattenreich zurück,
mitteilend mir, zu warten, in welch' Gestalt
ich nächstens wiederum erscheinen solle:
als heitere Tragödin oder traurig' Komödiantin.

fürchten

Sehr geehrter Herr,
gewöhnlich lasse ich solche Anfragen unbeantwortet. Nicht, dass ich nicht ein Mann des öffentlichen, laut bekundenden Wortes wäre, auch nicht, dass ich nicht über das Meister-Handwerk meiner Kunst an mancher Stelle Auskunft gegeben hätte. Aber die an mich gerichtete Nötigung – Bitte kann man es wohl schlechterdings nicht nennen – für Ihr Zeitungsblatt eine auto-erotische Szene zu schreiben, die von einem jungen Mann handelt, möchte ich doch platterdings als zu platt an Sie wieder zurückverweisen.

Gewiss, ich konzidiere, dass Sie in Ihrem Begleitschreiben um ausführliche Begründung für Ihr Vorhaben nachsuchen, von berühmten Schriftstellern, Großschriftstellern unserer Zeit eine Erzählung zu erhalten, in der ein uraltes Thema, ein Mythos der Menschheit, das Erwachen des Eros, in literarischen Farben und Bildern beschrieben werden möge. Auf Ovids Spuren gewissermaßen und geflissentlich. Ein verlockender Köder zugegebenermaßen, gleichwohl geeignet, den willig-willfährigen Schriftsteller in die Falle des Verrucht-Verwerflichen, des Zotig-Schleimigen tappen zu lassen, aus der er, verstrickt im eigenen Netz schwülstiger Phantasie, schlechterdings nicht mehr herauskommt. Solcher Art Fallstricke verbitte ich mir. Wie kommen Sie zudem zu der mir wenig schmeichelhaft vorkommenden Annahme, ein Thomas Mann könne gerade junge Männer – und um eben solche ginge es ja schließlich – gut beschreiben? Ich weise schlankerhand eine solche Annahme von mir. Wenn schon, dann gilt von meiner literarischen Kunst, dass ich Menschen schlechthin in der mir eigenen besonderen Qualität erfassen und charakterisieren kann.
Nein – eigens erfinden werde ich Ihnen und Ihren Zeitungslesern eine solche Szene, wie die erwünschte, nicht. Umso weniger, als diese in Form von Romanszenen bereits vorliegen. Aus Gründen zivilisatorisch-gesitteter Nachsicht übergehe ich die sich mir förmlich aufdrängende Frage nach Ihrer eigenen entsprechenden Lektürekenntnis. Die Art Ihrer Anfrage nährt in mir gewisse, zum Bedenklichen hin auswachsende Zweifel.

Da ich soeben zur eigenen Überraschung ein gehöriges Anschwellen meiner Antwortzeilen registriere – wäre hier eine Art déformation professionelle zu diagnostizieren ohne Notwendigkeit einer Therapie? – scheint es mir, bei solcher Art von Zeilenüberhang, aus Gründen der öffentlichsozialen wie auch künstlerisch-literarischen Schicklichkeit geboten, den Vorgang des in Gang gesetzten Wortschöpfungsaktes einfach im dürren Klappern bloßer Negierung Ihrer Anfrage enden zu lassen.

Gleichwohl unterdrücke ich in mir den Wunsch, es auch zu tun. Vielmehr bemühe ich mich, die Kunst des Kompromisses auszuüben. Eine Kunst, der man sich aus Gründen der Humanität und Lebensklugheit ohnehin zu befleißigen hat. Derjenige, der sie nicht beherrsche, ja vielleicht gar nicht beherrschen möchte, könne sich begraben lassen; so der alte Fontane. Ich nehme es also, trotz mancherlei Arbeitsbelastung und anderweitigen Dringlichkeiten auf mich, Ihnen wenigstens eine meiner Romanszenen kurz zu erläutern, mit der Ihr so neugieriges, soll ich sagen voyeuristisches Interesse an Schlüpfrigkeiten? nicht eben befriedigt werden kann und soll; die Ihnen aber den Blick dafür öffnen kann, dass der Eros dem tätigen Geist mehr zugetan als der auf die Befriedigung ihrer selbst abzielenden, körperlichen Natur.

Ich übergehe, mangels Zeit, die sich für den vorliegenden Zweck eignende Klavierszene mit Hanno Buddenbrook anlässlich seines 8. Geburtstages und richte das Augenmerk auf eine Szenerie aus dem Kapitel FOR-SCHUNGEN meines ZAUBERBERG. Sicherlich ist Ihnen, dem findigen Zeitungs-Redakteur – um die Etikettierung des Herrn Grünlich ohne allzu boshafte Absicht auch auf Sie anzuwenden – bekannt, dass dort ein junger Mann, Hans Castorp mit Namen – da haben Sie Ihren gewünschten Jüngling, hübsch verpackt in 7 Buchstaben, – seine Ferien im Sanatorium Berghof in Davos verbringt mit der Folge, dass daraus 7 Jahre – wieder 7, fällt Ihnen etwas auf? – werden. Lungenkranke bevölkern das Sanatorium, wie überhaupt Krankheit die vorherrschende Lebensform derer da oben ist. Auch auf die nicht zu bestreitende Gefahr hin, schulmeisterlich zu wirken, darf ich mit gewisser Nachdrücklichkeit darauf verweisen, dass das keinem blinden Zufall, sondern wohlkalkulierter dramaturgischer Absicht entspringt, ist doch Krankheit zugleich Symbol für das untergehende, alte Europa. Selbstverständlich – wie anders auch als selbstverständlich – habe ich meiner Hauptfigur einen weiblichen Eros zugesellt – eine Kirke namens Clawdia Chauchat, die den jungen Mann hier oben festhalten wird, nicht eben mittels Verwandlung in ein Schwein oder dergleichen homerischen Delikatessen, sondern mittels raffinierter Psychofesseln.

In jener Szene, die ich Ihnen vorstellen wollte, taucht sie indes nicht auf, die Clawdia Chauchat – da Sie doch eine auto-erotische Szene wünschten. Wenn überhaupt, nur indirekt, als Traumgestalt – aber dazu später.

Hans Castorp hat also allein zu sein in dieser Szene, die schonungsvoll ein Thema streifen soll, die von mancher mit Schilden der Sittlichkeit gepanzerten Seite einer unzüchtigen chronique scandaleuse zugeordnet würde.

Wie inszeniert man so etwas? Ich bin, in leiser boshafter Absicht, geneigt, diese Frage an Sie selbst zu stellen, damit Sie bemerken, was für ein kompliziert Geschäft, die Schreibkunst. Ich könnte aber auch, dieser Gedanke will sich mir im Moment unabweisbar aufdrängen, mich selbst fragen, wie es Schriftstellerkollegen von meinem Rang im vergleichbaren Fall handhaben. Marcel Proust etwa, der, ich muss es ausdrücklich betonen, gleich mir den Nobelpreis verdient gehabt hätte, erfindet – ich formuliere geschmeidiger – gestattet schon zu Beginn seines Romans AUF DER SUCHE NACH DER VERLORENEN ZEIT seiner Hauptfigur, dem *Ich* – nennen wir dieses Ich der Bequemlichkeit halber mit dem Vornamen unseres Autors Marcel – zeitweiligen Aufenthalt in einer kleinen Kammer im elterlichen Haus in Combray. Ein petit cabinet, bestimmt für einen spezielleren, alltäglichen Gebrauch. Ich hoffe sehr, dass ich Ihnen, so wenig wie Proust das tut, diese Funktion nicht explizit erklären muss. Für den kleinen, noch kindlichen Marcel ist dieser interne Raum Rückzugsort für Beschäftigungen, die Einsamkeit einfordern, wie Lesen und Träumen, Weinen und – nun merken Sie auf – das Verlangen nach Lust. Im Hinblick auf das letztere mögen Accessoires wie ein Johannisbeerstrauch, der seinen Blütenzweig durchs Fenster schiebt und ein Turm, der von Roussainville, der in der Ferne sichtbar ist, noch eine bedeutungsvolle Rolle spielen. Das sei vorerst genug der Schilderung.

Bei einem anderen, einem deutsch-französischen Romancier und Lyriker findet sich Artverwandtes. Dort ist es ein einsames, verwaistes Gastzimmer in einem Schloss zu Ulsgaard, wohin es den, mit Marcel in mancherlei Hinsicht vergleichbaren, Malte Laurids Brigge zieht. Täusche ich mich, oder glimmt in Ihren Augen nicht soeben ein Leuchten auf, unverhohlener Ausdruck des Stolzes darüber, dem von mir genannten Romantitel den richtigen Autorennamen Rilke zuordnen zu können? Nun, angesichts des allerorten geflissentlich gepflegten schulunterrichtlichen Gebrauchs dieses Werks, besteht schwerlich Anlass, solche Kenntnis mit dem Siegel humanistischen Gebildetseins zu adeln.

Auch dieser zur Pubertät neigende Malte bekommt eine Art petit cabinet zugestanden, in dem er seine identitätsstiftenden Selbstexperimente durchführen kann. Es handelt sich um ein verlassenes Gastzimmer des Schlosses, mit einem Wandschrank ausgestattet, der mit Kostümen und sonstigen Utensilien vollgestopft ist. Solche Requisiten eignen sich vorzüglich für Maskeradespiele, mit denen der Bub an seinem Ich herum experimentieren kann.

Bei unseren – soll ich sagen gemeinsamen? – französisch-dänischen Ausflügen sind mithin zwei Orte aufgefunden, die inszenatorische Möglichkeiten für gewisse Lusterlebnisse eröffnen: einsame Kammer und einsames Gastzimmer. Und – so werden Sie mit gewisser Berechtigung fragen – auf meinem Zauberberg? Was für einen Lustort ich dort inszeniere? Überraschende Antwort: eine einsame Balkonloge. Dazugehörige Requisiten – ich zähle additiv auf – Liegestuhl, Polster, Nackenrolle, kleiner Tisch mit elektrischer Lampe, ein Glas Milch mit Cognac und vor allem denn Bücher. Solche schwergewichtiger Art, in jedweder Hinsicht. Bücher über Anatomie und Physiologie, über Lebenskunde und Pathologie. Mittendrin der Leben-Erkunde-Forscher Hans Castorp, eingehüllt in Pelzsack, Kamelhaardecke, Pelzjacke, wollene Mütze, Filzschuhe, Handschuhe. Liegend, einer Mumie gleich. Sehr überzeugend angeordnet, das alles – finden Sie nicht?

Fortfahrend mit meinen Erläuterungen für Sie und Ihre Leser, sehe ich mich geradewegs genötigt, mein zunehmendes Interesse an dieser Sache – soll ich gar Goethes Begriff der *Zueignung* oder Kants Begriff des *Wohlgefallens* hier in Anwendung bringen? – kundzutun. Bedenke ich es recht, so wollen nicht nur Ort, sondern auch die Hauptfiguren in mancherlei Hinsicht einander ähneln. Sie sind aristokratisch-großbürgerlicher Herkunft, sind abhold nützlicher Lebenspraxis, fieberkrank, begabt für das Erinnern und Träumen. Was sie denn tun, in ihrer Einsamkeit – daraufhin dürfte sich Ihre gespannte Erwartung und Neugier richten – trotz meiner diesbezüglichen Vorwarnungen, dass despektierliche Details nicht zu erwarten sind. Im Gegenteil. Wäre ich – was in der Tat hier der Fall ist – gezwungen, um einer didaktischen Vereinfachung willen, gewissermaßen plakativ zu sagen, was das Tun der drei Figuren an den genannten Orten sei, so wäre festzustellen: Marcel bittet, Castorp liest, Malte verkleidet sich. Punktum.

Ich sehe Sie – gemäß meiner Vorstellungskraft – erstaunten Blickes diese Mitteilung lesen. Ja, mein Guter – halten zu Ehren Euer Gnaden, dass ich diese Anredeform ironischerweise an dieser Stelle dem förmlich-distanzierten Sie vorziehe – als erotisch, lustvoll, lüstern gar enthüllen sich die drei Szenen, wenn überhaupt, nur jenem Blick, der die Textpartituren auf ihre Feinheiten und versteckten Anspielungen – worin wir alle drei Autoren Meister – hin zu lesen versteht. Dazu will freilich der Kontext der Szenen mit berücksichtigt sein; das bloße, einseitige Lesen so genannter schöner oder gar schlüpfriger Stellen scheint mir nicht nur ein Gräuel, sondern auch Zeichen unserer Zeit. Die petit cabinet Szene meines französischen Schriftstellerkollegen ist kein Solitär. Sie ist vielmehr eingebettet in die Spaziergangepisoden Marcels; sei es jene in den Wald von Roussainville, sei es jene zu der Kirche Saint Andrea Champs mit den in Stein gemeißelten Steinfiguren, von denen eine Ähnlichkeiten mit einem Bauernmädchen vom Felde aufweist. Erst in der Einsamkeit seiner Kammer überfällt Marcel das übermächtige Verlangen, eben jenes Bauernmädchen in seine Arme schließen zu können. Daher sein Bitten, sein Flehen an den Turm von Roussainville – Turm, ja, gewiss, im Zeitalter der Traumdeutung merkt man ob solcher in die Höhe ragender Architekturen auf – ihm ein *Kind des Dorfes* entgegenzuschicken. Ich zolle dem französischen Romancier tiefsten Respekt ob seiner Könnerschaft, mit den Augen Marcels die Reize der Natur – sei es die Schönheit der Bäume, die der wilden Gräser in der Mauerwand, die des Teichs, in dem das rosige Geäder des Ziegeldachs sich spiegelt – zur Lust des Reizes umzugestalten, der im Wunschtraum nach sanftem Blick und geschenktem Kuss – erinnern Sie sich beiläufig an das Sesenheimer Idyll? – seine Erfüllung und Befriedigung sucht.

Anders, aber gleichfalls auf das Verlangen nach Veränderung hin ausgerichtet, ist die Szene bei Rilke gestaltet. Ihr vorauf geht zwar kein Spaziergang mit dem Wunsch nach einem Bauernmädchen, indes aber der – unbewusste – Wunsch nach der schönen Mama, von der man in Gestalt kindlicher Unschuld einen Gutenachtkuss erzwingt – darin gleicht Malte vollkommen dem Marcel. Erotikon ist angesagt, der Wunsch, ein anderer zu werden. Daher die Verkleidung in bunte Gewänder, die Vermummung mittels Maskeradenspielen, die ich im Walpurgisnachtkapitel meines Zauberbergs auch gerne zelebriere. Dort verzaubert die Kirke-Zauberin Chauchat ihr Opfer Hans Castorp endgültig zum ewigen Berghofinsassen; bei Rilke kommt der Zauberlehrling Malte aus seiner maskenhaften Versteinerung gleichfalls nicht heraus. Er zerrt, er würgt, er wird zum hilflosen Spiegel seiner selbst, er verliert alle seine Sinne. Eine Art recherche nach der identité perdue.

Ob es so etwas wie einen Handlungshöhepunkt in dieser Szene gibt? Gewiss – vergleichbar jenem bei Proust. Malte zerschlägt unfreiwillig – psychoanalytisch müsste man diese Unfreiwilligkeit bestreiten – einen Flaçon, aus dem eine alte *Essenz herausspritzt*, die einen Fleck von *sehr widerlicher Physiognomie* auf dem Boden bildet. Marcel seinerseits hinterlässt auf den Blättern des wilden, schwarzen Johannisbeerstrauchs eine *natürliche Spur wie die einer Schnecke*. Voilà – da haben Sie nun das, was Sie wohl hören und lesen wollten. Um es aber gleich zu sagen – ein ähnliches Bild habe ich mir in meiner Szene versagt – obwohl ich solche symbolhaften Anspielungen hätte durchaus schreiben können; meine crayon- und Mancini-Requisiten sind wohl Beweis genug dafür.

Zu welchem Höhepunkt sich meine Szene verdichtet? Gemach. Erst einmal lasse ich meinen Castorp lesen; vorzugsweise bei Mondenschein. Bücher über das, was das Leben sei, wie es entsteht, sich entwickelt, wie es beschrieben und erklärt wird. Schwere Kost, eigentlich zu schwer für einen nur mittelmäßig begabten jungen Mann. Darum lasse ich ihn die Bücher auch nicht studieren, weder exzerpieren noch repetieren, sondern im Liegen, halb schlafend mit halb offenem Mund, irgendwie auf ihn einwirken und sei's nur dadurch, dass ihr Gewicht gewaltig gegen Brust und Magen drückt. Solche Lesehaltung befördert ungemein das, was ich meiner Figur zugedacht; das Halbwache, Träumerische, Nächtliche, nicht ganz Ernst-zu-Nehmende. Was Wunder, dass der halbverdaute Inhalt der schweren Bücher Traumgebilde der unausgegorenen Art erzeugt. Keine beliebig daherkommenden – Sie unterstellen dem Schöpfer der Josephs-Romane doch etwa keine Alltagstraumerfindungen – sondern bedeutungsvolle. Solche vom Eros, der als Quelle der Lustbarkeit dort zur Stelle, wo Krankheit vorherrscht, da ja eigentlich diese es ist, die den Körper in den Mittelpunkt stellt. – Sie verstehen hoffentlich diese Logik? – Auf dem Zauberberg, dem Hort von Krankheit und Verfall erhält Eros von mir beste Gelegenheit eingeräumt, von der abstrakten Idee zur sinnlichen Anschauung zu gelangen und sei es nur als Traumgespinst des Schläfers auf der Balkonloge. Ich habe mir erlaubt, diese Gestaltwerdung sorgfältig zu modellieren. Das ES des Lebens erscheint in der Körperhaltung des Kontrapost mit bekränztem Haupt, mit über dem Nacken verschränkten Armen, mit offenen, ja dünstenden Achselhöhlen, gleichend dem nächtlichen Schoß; das SIE des Lebens erscheint als fleischgewordene Schönheit, die Arme aus dem Nacken gelöst, dem Träumenden sich zuwendend. Und der Kulminationspunkt der Szene, werden Sie fragen? Nein – kein zerschellter Flaçon, keine schleimige Schneckenspur, sondern die *feuchte Ansaugung* eines Kusses, die eine zum SIE des Lebens gewordene Gestalt, den Hans Castorp, fühlen lässt.

Ich hoffe, das Mitgeteilte ist für Ihre Zwecke ausreichend. Hinzuzufügen wäre allenfalls noch, dass die kleine Szene auf eine andere vorausweist, mithin – ich bediene mich eines mittlerweile eingebürgerten Fachbegriffs – leitmotivischen Charakter hat. Denn wenige Zeit später, aber was ist schon Zeit auf dem Zauberberg, wird Castorp, dem SIE des Lebens in Gestalt der bloßarmigen, mit einem Papierdreispitz bekränzten Kirke Chauchat begegnen. Angelegentlich einer fortgeschrittenen Walpurgisnacht. Sie, allzu tief liegend in einem plüschbespannten Triumpfstuhl; er, sitzend in einem knisternden Korbstuhl. Plüsch erschien mir in dieser Szene unabdingbar, das Knistern auch. So kommen sich die beiden Figuren näher – was man eben so Einander-Näherkommen zu nennen pflegt.

Ich gehe davon aus, Ihrem, unter der Maske journalistischer Recherche auftretenden Wunsch nach Mitteilungen aus dem Bereich des unergründlich Zotigen und triebhaft Entfesselten in gebührender, zivilisatorisch-gesitteter Form entsprochen zu haben. Mögen Sie dieses Ergebnis den willfährig neugierigen Blicken Ihrer Leser präsentieren.

So böte sich nun die Gelegenheit, diesen Brief abzuschließen, würde mich nicht ein Gedanke umtreiben, der freilich wenig Anspruch darauf erheben dürfte, bei einem breiteren Auditorium ein geneigtes Ohr zu finden. Ich kleide den Gedanken in folgende Frage: Haben die drei vorgestellten Figuren eine lustvolle Empfindung beim Empfinden ihrer Lust? Erleben sie ungeteilte Empfindungen von Glück, Befreiung, Stolz gar, auf eine Stufe werdender Mannbarkeit gehoben zu werden?

Meine Frage ist unverkennbar eine der rhetorischen Art. Mithin die Antwort kein Ja beinhalten kann. Wie anders auch, wenn doch Ängste, Beklemmung, Furcht die drei Bewohner von Kammer, Wandschrank und Balkonwelten die Erkundungsfahrten ihrer selbst in bedenklich bedenkenswerter Weise garnieren. Darf ich, Advokat in eigener und in der Sache meiner beiden Kollegen, Texturkundliches als Beweismaterial herbeischleppen? Malte *verzweifelt* angesichts der ihn *durchtränkenden* fremden Maskeraden-Wirklichkeit; Marcel beschreitet einen *von Todesgefahr umlauerten Weg* und Castorp vergeht ob des Traumgesichts und ansaugender Küsse gleichermaßen *vor Lust und Grauen.* Verzweiflung, Todesgefahr, Grauen – wenig vorstellbar, dass solche Bilder der Leidenschaft dem Vorstellungskreis Ihrer Leser entsprechen. Allenfalls, dass Ihren weiblichen Lesern diese Bildwelten vertrauter sein mögen, denn, ich darf mich selbst mit einer Passage aus dem Zauberberg zitieren: *dies Geschlecht kennt eine solche Besorgnis überhaupt nicht vor den Schrecken der Leidenschaft – eines Elementes, ihm offenbar viel vertrauter als dem Mann, der von Natur keineswegs darin zu Hause ist und den es nie ohne Spott und Schadenfreude darin begrüßt.*

Wie ich soeben bemerke, ist die mir veranschlagte Zeit für das Briefeschreiben – meine Sonntagnachmittagspoststunde gewissermaßen – bereits um einen Viertelstundentakt überschritten. Finis Operis.

Mit Interesse sehe ich der Veröffentlichung meines Briefes entgegen, vor allem im Hinblick darauf, welche Passagen wohl der Zensur zum Opfer fallen werden. Ob es nicht gerade jene sein werden, in denen die drei Eleven der Lust und Liebe ihre tiefste Wahrheit erschauen mögen – die, dass Lust sie Erschauern macht. Nur, wer das Fürchten je gelernt, der schmiedet eine Liebe sich.

Mit vorzüglicher Hochachtung
Thomas Mann

geistern

Nächtliches Dunkel in einem menschenleeren Theaterraum. Im hinteren Bühnenteil sind im fahlen Licht schemenhaft Marionettenfiguren zu erkennen, die an einem langen Balken aufgehängt sind. Das Bühnenbild lässt einen Wald und eine grüne Wiese erahnen. Auf dem Boden liegen einige Utensilien und Requisiten, u.a. ein Eselskopf und eine Blume.

Plötzlich schweben lautlos zwei schattengleiche Gestalten durch ein schräg offenes Fenster und nehmen ganz offenbar neugierig diese kleine Theaterwelt in ihren Augenschein.

Puck: Sieh an, Amor, so hab ich's recht im Geisterreich vernommen,
wir sind zur rechten Stelle hergekommen,
hier gibt's ein phantasievoll' Marionettenspiel,
in dem ich, der große Puck, auch Auftritt habe,
bedeutend gar und, so hoffe ich, auch viel.

Amor: Ach, Puck, Du schadendfroher Poltergeist,
kaum hörtest Du die Neuigkeit,
warst Du im Nu auch schon bereit,
in weniger als wenig Stunden
die Erde gleich einem Gürtel zu umrunden.
Um dabei mich, den Liebesgott, im Schlepptau mitzuzieh'n,
Du warst so schnell, konnt' Dir nicht einmal mehr entflieh'n.
Du zwingst mich förmlich her, damit es mich ganz Staunen
                    macht,
mit welchem Spiel man hier um Deine Geisterexistenz bedacht.

Puck: Potzfickerment und Eiderdaus.
Hör ich da Eifersucht heraus?
Gemach, Du Gott der Liebe, wie Du Dich gern zu nennen pflegst
und fleißig Deinen Ruhm Dir hegst,
vielleicht stehst Du auch auf dem Theaterplan
und trittst mit Pfeil und Bogen an.
Denn, so hört' ich, das Stück soll sich um Liebe dreh'n,
auf dem Gebiet warst einstens Du genug zu sehen.

Amor: Ich war! zu sehen. Ein treffend melancholisch Wort.
Die Lebensbühne ist heut' für mich ein gar verlassener Ort.

Mein Pfeil und Bogen wollen kaum noch treffen,
stattdessen tun die jungen Leut' mich äffen.
Warum, das weiß ich nicht zu sagen,
es ist nicht mehr wie einst in unseren Tagen.
Vielleicht hat die moderne Zeit ganz ungeniert,
die Liebe zu sehr de-konstruiert.
Zersetzt, zerlegt, zerstückelt zu atomisierten Welten,
kann sie nicht mehr als Richtschnur gelten.

Puck: Der Amor wird zum Misanthrop!
Da hätten beide wir wohl mehr
ansehen sollen ein Stück von Herrn Molière.
Du scheinst mir so, als liefest Du trauernd hinter einer Leiche,
solch Stimmung taugt mir nicht für meine lust'gen Polterstreiche.

Muss mir die Mädchen doch erhaschen
Und hier und da ein wenig vernaschen.
Wenn dann mein Schabernack die Liebenden irreleitet,
so werden schadenfroh sie von mir begleitet.
Komm, Amor! Reiß Dich zusammen, Du Fabelwesen,
waren beide schon lang nicht mehr zusammen gewesen.
Wir sind doch, bedenk ich's recht, Brüder im Geist,
ich glaube, dass Du das auch weißt.
Lass uns zu zweit das Liebeslabyrinth regieren
und so die Welt in Abenteuer führen.

Amor: Nur bist Du mir zu wild für solche Sachen,
zotig, gemein, so möchte ich kein Bündnis mit Dir machen.

Puck: Auch Du Amor, warst einst nicht unbescholten,
Deiner Mutter Venus hast Du als Ausbund eines Spitzbuben
                                                    gegolten,
der nachts nicht ruht,
nichts Anständiges tut,
Ehen zerstört, Mädchen betört,
sich niederlässt, wohin es ihn weht,
und dort große Schandtaten begeht.
Hat Psyche, Deine traute Gattin,
Dich jetzt erst so zu einem reinen Liebesgott gezähmt?
Na, ich darf wohl hoffen,
ich hab's getroffen,
Du schaust mich an, ziemlich beschämt.
Doch keine Sorg', ich will Dich nicht auf falsche Wege bringen,

hätt' wenig Freud' an solch' Gelingen.
Dein' wilden Part von einst,
den hab' ich selbst nun übernommen,
bin als Hofnarr Oberons ganz auf den Geschmack gekommen.
Manch einer aus der Schar mit Engelsgewand,
spricht hinter vorgehaltener Hand:
Sieh, da ist der Puck, das abgefeimte Luder,
dem Geiste nach des Amors Bruder.
Doch treibt er seine Liebespossen gar zu toll,
er ist von Schalkheit ganz, ja gar von Bosheit voll.

Amor: Gewiss, Du bist der Geist, der stets verneint.
Denn alles, was entsteht,
das ist Dir's wert, dass es zugrunde geht.
So ist denn alles, was man Sünde, Zerstörung, kurz das Böse
nennt,
Dein eigentliches Element.

Puck: Gemach, Bruder, kann zwar verstehen,
dass Du in Deiner Stimmung mich so heißt,
doch bin ich keinesfalls ein nordischer Teufelsgeist.
Ich hab' auch meine andern Seiten,
die zu guten Werken mich verleiten.
Wer freundlich mich grüßt, mir Liebes gar tut,
dem helf' ich gern und ihm gelingt es gut.

Komm, Bruder, der Worte sind genug gewechselt,
lass uns nun endlich Taten sehen,
bevor wir unsere Geisterexistenz erdrechselt
kann etwas Nützliches gescheh'n.
Wir füllen dieses Puppenhaus
mit unserer Phantasie nun aus
und spielen mit den Marionettenfiguren,
die dort hängen wie nicht aufgezogene Uhren,
zur Geisterstunde und mit Glück
ein improvisiertes Liebesstück.
Los, Du gezähmter Liebesgott,
hol dir ein Pärchen von der Stange,
ist's doch Dein Tun, zu knüpfen zarte Liebesbande.

Amor: *(holt zwei Figuren)* Pardauz, die Figuren fangen an zu kippen,
man verheddert sich in diesen vielen Strippen.
Scheint eine schwierig irdische Kunst, dieselben gut zu führen,

fast gar so schwer, wie junge Leut' mit dem Liebespfeil berühren,
damit sie, aus freiem Will'
das tun, was Amor von Ihnen will.

Puck: Ein philosophisch Fass machst Du da auf.

Amor: Wie ist denn nun der Liebe Weltenlauf?
So, als ob die Liebe der Freiheit gleiche?
So, als ob die Freiheit den Liebesbanden weiche?
Wird ein Weib vermählt,
der Galan erwählt?
Ist das, was eng umschlungen,
einander zugetan – oder erzwungen?

Puck: Befrage doch, wenn wir zu Hause sind,
die vielen Philosophen im Olymp.
Ich wette, Du hörst als Antwort tiefsinn'ge Sachen,
worüber kann man nur noch lachen,
Du wirst nur Unsinn hören, da hab' ich keinen Zweifel,
frag' lieber doch da gleich den Teufel,
der, unberührt von der Lust am Triebe,
unbestechlich in seinem Urteil über Liebe.
Doch schau, was für ein edles Marionettenpaar Du hergebracht,
halt es mal hoch – was sehe ich? Gib Acht,
an ihren Kleidern, die sie haben an,
da hängen kleine Zettel dran.
Ich lese da, ich glaub es kaum:
Das Stück, das heißt: Sommernachtstraum.
Zwar hab' ich das noch nie vernommen,
doch scheint das mir und meinen Possen sehr entgegen-
                                                  zukommen.
Und weiter entziffere ich da,
die Namen Lysander und Hermia.
Amor, Freund, die beiden könnten gut zusammenpassen,
Du könntest Deinen Pfeil erstmal auf den Burschen sausen
                                                  lassen.

Amor: (zielt mit dem Pfeil auf Lysander)
Was Du wirst erwachend sehn,
wähl es Dir zum Liebchen schön.
(zielt erneut und will den nächsten Pfeil auf Hermia schießen)

Puck: Halt ein! Du bist als Liebesgott
           schon ein arg einfältig altes Haus,
           trifft nun Dein zweiter Pfeil,
           ist die Geschichte hier schon aus.
           Wart' ein Moment, ich hole ein neu' Gesicht
           von hinten, dort, wo sie alle liegen,
           in Absicht, dass sich in unserer Geschicht'
           sehr bald die Balken biegen.
           Hier, bin schon wieder da zur Stell',
           Demetrius heißt er, der neu Gesell'.
           So, Amor, Du kannst jetzt dem Mädchen da
           Ambrosius ins Herzlein pflanzen,
           sie wird dann gleich in Liebe tanzen.

Amor: *(schaut Puck misstrauisch an)*
           Ich bin auf dieses mein Geschäft nicht wild,
           ich fürchte dunkle Sachen, die Du führst im Schild.
           (er zielt zögernd und behutsam auf Hermia)
           Was Dein erster Blick wird sehn,
           halt für Deinen Liebsten schön.

Puck: *(wendet, während Amor spricht, heimlich Hermias Gesicht weg*
           von Lysander hin zu Demetrius)
           Aufgewacht ihr Marionett'!
           Macht's in Eurem Liebesspiel nun nett.

Amor: Puck, was hast Du angerichtet?
           Was hast Du da zusammen gedichtet?
           Hat das zu Deinem finster'n Plan gezählt,
           ein Jüngling liebt ein Mädchen,
           die hat einen andern erwählt?

Puck: Poetischer Aufschneider, Du.
           Es geht auch einfacher:
           Ein Mann von einigem Gewicht,
           liebt eine Frau, doch sie ihn nicht.
           Punktum.
           Siehst Du nun, warum das Geisterreich
           ohne mich nicht ausgesorgt?
           Weil es der Kobold ist, der für
           Weltenabenteuer sorgt.
           Auch unter meinem ander'n Namen Droll,
           find' ich die Geschichte jetzt schon toll.

Amor: Ich nicht. Wie soll es denn jetzt weitergeh'n?
        Willst gar auf Tragödie Du besteh'n?

Puck: Mitnichten. Nun versinke nicht in Gott-Erbarmen-Frust,
        ich bin ganz voll der Abenteuerlust.
        Wir machen der Verwirrung noch viel mehr,
        erfreuen uns der Zickenpein gar sehr,
        wenn der Demetrius, in den die Kleine da verliebt,
        nun seinerseits 'ne andere liebt.
        (zeigt auf den Balken mit den Marionetten)
        Da oben hängt noch eine,
        hol sie mal her.
        Ei, wie geschwind, bist schon mit ihr da,
        ihr Name ist, – ei wie schön – die Helena.
        Komm, wir verbinden Demetrius und Helena
        zum frischgeback'nen Ehepaar.

Amor: Ich weigere mich.
        Du denkst nur an Deine Gauklereien und an Dich
        und machst nicht nur Lysander, sondern auch Hermia
                                                    unglücklich.
        Ich denk' nicht dran, scheinbar göttlich gelassen,
        Deinen Ideen auch noch die Taten folgen zu lassen.

Puck: Auch gut. Dann salb' ich den Demetrius und Helena
        gar höchstpersönlich zum Ehepaar,
        mit einem Kräutlein, das schon manches Liebespaar genossen,
        das Du mal selbst, mit Deinem Pfeil geschossen,
        als Du mit Deinem Pfeil, statt einer Jungfrau,
        die schon war am Hoffen,
        das Kräutlein hast als Ziel getroffen.

Amor: So bin ich armer Geist, der schützen will die Liebe und weiblich'
                                                    Huld,
        an diesem grausen Kunterbunt hier unfreiwillig schuld.
        Nun, Puck, wie geht's nun weiter?
        Liebestod oder doch noch irgendwas heiter?

Puck: *(hat während der Rede Amors die beiden Figuren, Demetrius
        und Helena, mit dem Kräutlein beträufelt)*
        Weiß nicht. Aufgrund meiner hübschen vielen Possensünden,

weiß ich nicht recht, an welcher Stelle der Geschichte wir uns
befinden.
Wiederhole mal.

Amor: Nun dann höre der bisherigen Geschichte Verlauf
und nimm Deine Schandtaten in Kauf.
Ein Jüngling liebt ein Mädchen, die hat einen andern erwählt.
Der andere liebt eine andre, und hat sich mit dieser vermählt.
Soweit bisher, ganz ungelogen,
die Marionettentrauung hast Du ja gerade selbst vollzogen.

Puck: Schön. Gehen die Sachen kraus und bunt,
freu' mich von Herzensgrund.
*(schwebt plötzlich davon und kommt mit dem auf dem Bühnen-
boden liegenden Eselskopf zurück)*

Amor: *(ganz erschreckt)*
Was hast Du Schlimmes vor?
Bist Du von Sinnen?
Den Eselskopf rasch weg von hinnen.

Puck: *(lacht)* Kann mir schon denken, warum.
Entstammst ja selber einer Märchengeschicht',
in der wurde erdicht'
ein junger Mann, Lucius genannt,
der sich im thessalischen Zauberland befand,
dort, unerfahren wie er war, unvorsichtig mit Zauberkunst
gehandelt
und sich selbst in einen Esel gar verwandelt
und nun, ganz neu beleibt,
unbotmäßig, unzüchtige Sachen treibt,
bevor er mittels einer Rosenfresserei
wieder sein' menschliche Gestalt erlangt und lebet weiter frei.

Amor: Soweit, so schlecht.
Doch mit welchem Recht
hältst Du mir, wie gleichsam einem armen Tor,
dieses Lucius-Schicksal vor?

Puck: Weil es fast das Deine war.
Oder ist es etwa nicht ganz wahr,
was Du erleben musstest in Deinen Jünglingsjahren?

Als Deine Mutter Venus vor Eifersucht tief grollte,
und eine sterblich' Königstochter bestrafen wollte,
um deren vielgerühmte Schönheit sich alle Welt gar drängt.
Das hat die Göttin tief gekränkt,
Spieglein, Spieglein an der Wand,
wer ist die Schönste im ganzen Land?
Venus wollte vernichten das unschuldige Mädchen, Psyche mit
                                        Namen,
auf Dich, Amor, ihren Sohn, ihre grausamen Befehle kamen.
Du solltest es einrichten, dass dieses Mädchen begehre,
in Liebe sich verzehre
nach einem Wesen, das so tief unten stünde,
dass kein anderes, noch tiefer unter ihm sich irgendwo befinde.

Amor erbleicht

Puck: Du hast den mütterlichen Befehl ausgeführt,
doch so, dass er ins Gegenteil sich dann verdreht.
Hast, ohn' Gestalt von einem blöden Esel anzunehmen,
Psyche geführt zu dem Brautbett, dem bequemen,
und mit Deiner Stimm' gabst Du der Geliebten Sicherheit und
                                        Halt,
doch ohne Dich zu zeigen, in sichtbarer Gestalt.
Und dann, nach vielen Prüfungen, erfolgreichem Besteh'n,
Euch beide führte Jupiter in seine Himmelshöh'n.
Euch selbst den Hochzeitssegen gebend,
dazu als groß' Geschenk, wie es dem größten Gott gebührt,
hat er die ird'sche Psyche in die Unsterblichkeit übergeführt.

Nun liegst Du, Liebesgott, in ewig-ehelichen Banden,
kein Wunder, dass die Menschen Dich auf der Erd' kaum noch
                                        fanden.

Amor: Brav getroffen. Da kam ja allerhand heraus.
Du kennst Dich ja in solch' Geschichten,
wie's scheint, bestens aus.

Puck: Nun ja, in solchen Fällen,
braucht's halt die richt'gen Quellen,
der Apuleius, im ird'schen Leben schon nicht faul,
hat auch da oben ein loses Maul.

Amor: Habe verstanden.
Doch nun zurück zu unser'n Puppengeschichten,
wie soll'n wir sie zum Guten richten?
Was wird aus dem Mädchen, der Hermia da,
der Du vorhin in unziemlicher Hast
meinen Pfeil und den Lysander verweigert hast,
die Du verliebt gemacht, in gleicher eilfertiger Hast
in den Demetrius, ohne Ruh und Rast,
den Du gleichwohl mit Helena verkuppelt hast?
So ist ihr geschehen, was manches Mal passiert auf Erden,
zu lieben und nicht selbst geliebt zu werden.
und nun, wie gedenkst Du den Knoten, den bösen,
den Du geschürzt, wohlgefällig zu lösen?

Puck: Ganz einfach. Das Mädchen heiratet aus Ärger
den ersten besten Mann, der ihr über den Weg gelaufen.
Verzaubre sie mit Deinem Pfeil
Und lass sie mit weiblichen Trieben, 'nen dummen, aber kräft'gen
Esel lieben. *(lacht)*

Amor: Bist Du noch immer nicht bei Sinnen?

Puck: Denkst Du, ich würde spinnen?
Ich mein's ganz komisch ernst.
Mein Bauch möcht' sich vor Lachen biegen,
die Dame käm' gewiss zu ihrem Vergnügen.
Los – gib mit Deinem Pfeil dem Mädchen eine liebliche Wunde,
ich flüstre ihr derweil die frohe Kunde:
(während er spricht, zeigt er Hermia den Eselskopf)
Wähl es Dir zum Liebchen schön,
liebe ihn und schmacht und stöhn',
Deinem Aug' sei's schön fürwahr.
Was sich zeigt an diesem Platz,
wenn Du aufwachst, wird Dein Schatz.
Siehst Du gleich die ärgste Fratz!

Amor: Nein – ich lass das sein für alle Zeiten!

Puck: Warum, zuviel der schön' Possierlichkeiten?

Amor: Puck, Du ahnst nicht, was es heißt,
wenn Du um einen solchen Eselstraum mal weißt.
Ich selbst musst' es einmal fühlen,

so einen irdisch-unirdisch Traum,
als ich, ich glaubt es damals selber kaum,
um meine irdische Psyche wohl zu retten,
mich in Gestalt eines Ungeheuers musste ketten.
Das zu erleben, ist eine zynisch Gunst,
da vergeht selbst dem Liebesgott die Liebe zu seiner Kunst.

Puck: (etwas verunsichert)
Und der Traum selbst?
Darf ich wagen, Dich zu fragen,
ob Du dazu etwas kannst sagen?

Amor: 's geht selbst über Götterwitz zu sagen, was es für ein Traum
war.
Mir war, als wär' ich
und mir war, als hätt' ich,
aber selbst Cupido kann nicht sagen was.
Mein Aug hat's nicht gehört,
mein Ohr hat's nicht gesehn,
meine Hand konnt's nicht schmecken,
meine Zunge nicht begreifen,
mein Herz nicht sagen, was
mein Traum vom Ungeheuer war.

Puck: Seltsam. Ein Gott wird unwissend.
Das kommt davon, wenn man sich mit Menschenkindern auf Du
und Du einlässt.
Bei so was seh' ich rot.

Amor: Ach Puck, demnächst erklären die Menschen uns Götter doch
für tot.

Puck: Auch das noch.
Dabei – was Du da gerade sprachst, über Deinen Traum,
das schien mir wie aus eines Dichters Mund,
als gäbe dieser etwas kund.

Amor: Vielleicht sind unsere erfundenen Gesichter,
mit denen wir zum Possenspiel erkühnen,
nur Vorratsspeicher für die ird'schen Dichter,
denen sie sich unbewusst bedienen.

Puck: Scheint mir ein wenig zu verquast,
aber ich nicke Dir zu,
weil Du Freude an solchen Ideen hast.
Und nun, da Du Dich weigerst, ganz entschlossen,
mitzutun bei meinen Eselspossen,
was machen wir mit diesem schönen Hermia-Kind,
ratlose Geister, die wir plötzlich sind?

Amor: Lass sie selber wählen, was und wen sie will.

Puck: Im Ernst. Du willst die Menschen nicht mehr lenken,
ihnen ganz die Freiheit schenken?
Wohlan, lassen wir die Kleine wählen.
Wie viel Marionettenpuppen können wir am Balken da noch
zählen?

Amor: Als da waren: Zettel, der Weber, ein Herzog namens Theseus und –
ach ich ahnt es schon – rat mal?

Puck: Etwa mein Chef – der Oberon?

Amor: Getroffen, genau ins Ziel.

Puck: Das gäb ein herrlich Gaukelspiel.
Ach, da gibt's ja noch eine, den die Hermia wählen kann,
den Jüngling Lysander, der da dumm herumsteht von Anfang an.

Amor: Den wird sie wählen nie und nimmer.
Lieber macht sie ihr Unglück noch schlimmer
als zuzugeben, durch Stolz verwirrt, habe sie sich einstens geirrt.
Puck, Du kannst gleich Dein Fell vor gemeiner Freude raufen,
sie nimmt gewiss den ersten besten, der ihr über den Weg wird
laufen.

Puck: Was? Das wäre dann die erste dreier Marionetten,
die Du befreitest von ihren Balkenketten.
Also, dieser Vettel?
Der plumpe Weber Zettel?!

Amor: Sieh, Puck, es geschieht,
was ich weissagte in aller Ruh,
Hermia nickt dem Zettel zu.

Puck: *(lacht laut)*

Passen die beiden auch nicht zusammen, von Kopf bis zur Zehe,
das ist die Basis für eine gute Ehe.
Freund Amor, mach' nicht so ein traurig Gesicht,
nun ist sie zu End' unsere Marionettengeschicht.
Ein Wunder, so scheint mir's, wurde auf der Bühne gegeben,
die Marionetten verhielten sich so, wie die Menschen im
                                                wirklichen Leben.

Amor: Kein Wunder. Auch Marionetten haben ihren eigenen Geist.
Das sagt zumindest ein gewisser Herr von Kleist.
Kaum kann ich's selber recht erfassen,
welch' Paare hier zusammen passen.
Müsst' ich sagen, was an Liebesverwirrnis wir hier geseh'n,
so müsst' es wohl in folgenden Worten gescheh'n:
Ein Jüngling liebt ein Mädchen.
Die hat einen anderen erwählt.
Der andere liebt eine andere
und hat sich mit dieser vermählt.
Das Mädchen heiratet aus Ärger
den ersten besten Mann, der ihr über den Weg gelaufen.
Der Jüngling ist übel dran.

So, nun bringen wir beide, wie zur Sühne,
die Marionetten wieder auf Hinterbühne.

Puck: Moment – ein' Einfall hab' ich noch.
Sagt ich es doch –
ich bin nicht nur der Geist, der stets verneint,
sondern auch der, der am guten Gelingen sich erfreut.
Ich habe hier – entwendet heimlich in früheren Tagen,
wo und bei wem brauch' ich nicht zu sagen, -
ein wunderwirkend Kraut,
das, bringt man es auf des Jünglings Lysander Augen und Haut,
ihn aus dem bisherigen Wahn befreit
und ihm wieder einen neuen Blick verleiht.
Er muss nicht gleich am Puppengalgen hängen,
wie andre tote Laffen,
er kann sich in neu' Marionettenspiel
in eine neue Frau vergaffen.
Ich hol das Kraut, um es ...

Stimme 1 aus dem Off

    Halt! Es bleibt so, wie Euer Spiel war und jetzt sei.
    Es ist eine alte Geschichte,
    doch bleibt sie immer neu
    und wem sie just passierte,
    dem bricht das Herz entzwei.

Stimme 2 aus dem Off

    Trollt Euch, ihr Schatten,
    ich geb' Euch kund,
    vorüber ist die Geisterstund',
    Ihr habet nur geschlummert hier und geschaut in Nachtgesichten
    eines großen Meisters Dichten.
    Weichet von hier, Ihr Schattengeister,
    das befiehlt Euch Euer Meister.

Puck und Amor (entschweben und flüstern leise)

Puck: Hast Du's vernommen, die Stimmen der Zwei'n?
        Schienen mir Worte von Dichtern zu sein.

Amor: Ja, nur – wer ist hier Meister, wer hier Knecht.
        Die beiden fühlten sich im Herren-Recht.
        Doch könnt's auch so sein,
        wie ich's mir denke,
        wir mythisch Geister sind der Urquell Tränke,
        weil wir den sprudelnd' Lebensbrunnen haben,
        woran die Dichter sich dann laben.

Puck: Wenn diese großen Herrn
        uns Poltergeister nicht verschmähn,
        dann soll'n sie bald was Bessres seh'n
        und können von all' dem Vielen,
        das wir in olympisch' Weiten spielen
        das Schönste auf die Erde bringen,
        auf ihren hurtigen Schreibfederschwingen.
        Von unserm Geisterhimmel brauchen sie nur abzuschreiben,
        was an Gedichten sie in schöne Worte kleiden.

Amor: Weißt Du, was die Baronin Nissen, die Witwe Mozarts, mir
                           neulich sagte mit Entzücken?

Puck: Du machst mich heiß;
        woher wissen, wenn man's nicht weiß.

Amor: Dass ihr Wolferl einst die Töne brauchte nur vom Himmel
herunterzupflücken.

(Puck und Amor entschweben ganz. Das fahle Licht erlischt.
Die Bühne ist vollständig dunkel.)

handeln

So knapp die Romanszene auch ist, ihr kommt doch einiges an dramatischer Wucht zu. In der Arktis hat sich ein Teil einer Schiffsmannschaft auf einer Eisscholle verirrt. Dichter Nebel macht es unmöglich zu sehen, wo das eigene, ins Eis festgeklemmte Schiff liegt. Man ist trotz Kompass im Kreis gegangen. Ratlosigkeit hinsichtlich der Positionsbestimmung und große Kälte machen aus der Situation eine tödliche Gefahr. Die Mannschaft gerät unter Druck, will auf gut Glück einfach weitergehen. Doch der Schiffskapitän, der zufällig bei der Gruppe ist, weiß dies zu verhindern. Er befiehlt, auf den Eisplatten ein Notlager zu errichten. Dann tut er – scheinbar – nichts, außer zu warten. Fragen, Vorschläge seitens der Mannschaft werden an ihn gerichtet. Schließlich sei nun entschlossenes Handeln angesagt. Doch der Kapitän tut weiterhin – nichts. Für die Seeleute steht fest, dass der Befehlshaber der Situation nicht gewachsen ist; man nennt ihn hinter dem Rücken ohnehin Mr. Handicap. Nach unendlich langer Zeit des Wartens gibt der Kommandant schließlich den Befehl, in regelmäßigen Abständen zu genau festgelegten Zeitpunkten Musketenschüsse abzufeuern und das zwei Tage lang. Für die Mannschaft heißt dies nichts anderes, als dass einen an diesem Ort der sichere Tod erwartet. Doch schon nach vier Stunden hört man einen dumpfen Schuss, der vom Schiff aus abgefeuert wurde. Wenig später wird dieses wieder erreicht. Vom Großtopp ihres Schiffes aus können die Seeleute später selbst sehen, in welche tödliche Falle sie beim bloßen Weiterlaufen geraten wären.

Der Kapitän, so zeigt es sich im Nachhinein, hat nicht nicht gehandelt. Sein Handeln war ein verinnerlichtes, ein der Beobachtung sich entziehendes. Aufgrund intensiver und notwendigerweise zeitraubender Überlegung hat er als einziger erkannt, dass die Eisscholle sich langsam um sich selbst dreht und deshalb der ergangene Befehl die einzige Rettungsmöglichkeit bietet. Zum Glück hat sich die Mannschaft in ihrem Kapitän getäuscht. Sein aktivitätsarmes äußeres Handeln verhindert blinden Aktionismus; sein zeitentschleunigendes Nachdenken ermöglicht und beschleunigt die Rückkehr zum Schiff.

Nur literarische Fiktion ist dieser Kapitän nicht; vielmehr auch historisch verbürgte Person. Es handelt sich um den von 1786 – 1847 lebenden englischen Seefahrer und Nordpolforscher John Franklin, der die Hauptfigur in Sten Nadolnys Roman DIE ENTDECKUNG DER LANGSAMKEIT ist. Nadolny beschreibt die biographische Entwicklung seines Franklin so, dass nicht nur nicht verständlich wird, warum dieser in der Eisschollenszene so handelt wie er handelt, sondern auch, dass dieser Franklin für eine ganz andere Welt des Handelns und deren zeitliche Koordinaten steht.

Schon der Romanbeginn zeigt Stillstand, kaum Handlungsverläufe. Begriffe wie Grabstein, Denkmal, Schlafen beherrschen die Szene. Auf einem Spielplatz ertönt der Ruf von jemandem über jemanden: *Der tut nichts!* Gemünzt das alles auf einen zehnjährigen Jungen, der, während die anderen Kinder sich einen Ball zuwerfen, als bewegungsloser Ballschnurhalter teilnahmslos am Spiel teilnimmt. Gemeint ist natürlich John Franklin. Außenseiter. Weil er anders, nämlich langsam ist. Allerdings auch sehr stark. Aber Außenseiter ist er auch in den Augen des Vaters, weil er den Wunsch hat, Seefahrer zu werden. So übermächtig ist dieser Wunsch, dass man den Jungen schließlich auf eine stürmische Schiffsfahrt nach Lissabon schickt in der Hoffnung, er möge kuriert werden. Das Gegenteil ist der Fall. Das Meer zieht ihn an. Das ist das eine. Vor allem aber: Ein Schiff zieht ihn an. Das ist das andere. Weshalb? Weil es ihm, dem Langsamen, die Chance bietet, sich auf eine Sache vollständig vorzubereiten. Denn, so lässt Nadolny seine Figur denken, ein Schiff, begrenzt durch sich selbst und begrenzt durch das Meer, ist lernbar und damit beherrschbar. Intensive Vorbereitung entlasten vom Zwang zu schneller Handlungsreaktion. Und so lernt er denn unablässig alles auswendig, der Franklin, *Flotten von Wörtern* und *Batterien von Antworten*. Immer angetrieben von dem Gedanken, sich auf alle möglichen Situation im Vorhinein einstellen zu können. Im handelnden Vorwegnehmen sucht der Langsame Kompensation für seinen Mangel, aus der Situation heraus handeln zu können.

Natürlich wird er von Nadolny in verschiedene Situationen geschickt, die ihm ein jeweiliges Handeln abverlangen. Seine Langsamkeit hat dabei nicht nur, wie in der soeben beschriebenen Szene, lebensrettende, sondern auch tödliche Folgen. Nämlich in jener Szene, in der der junge Marinesoldat Franklin an der Seeschlacht vor Kopenhagen gegen die Dänen teilnehmen muss. Das eigene Schiff wird dabei geentert. Um das eigene Leben zu retten, würgt er einen dänischen, bewaffneten Marinesoldaten an dessen Kehle, weil ihm die Handlungsoption fehlt, dem Gegner blitzschnell die Pistole weg zu schlagen. So bleibt ihm als Möglichkeit nur die des starren, unbeweglichen Festhaltens, ein Festhalten, das, wie schon in der Kinderballspielszene, nie aufhört. Hatte das in der Spielszene mehr burlesk-komödiantische Folgen, so nunmehr tödliche. Der Zeitpunkt, den Anderen am Leben zu lassen, wird überschritten. Ein rechtzeitiges Aufhören hätte eine schnellere Langsamkeit vorausgesetzt.

Für Franklin selbst, der alles andere als ein Kriegssoldat ist, wird dieses Erlebnis zum Trauma, das noch lange nachwirkt. Verarbeiten und überwinden wird er es erst Jahre später, als er als midshipman an einer Forschungsreise nach Australien unterwegs ist. Dort, in pazifischen

Gefilden, stößt man auf ein französisches Kriegsschiff. Obwohl nur unzureichend bewaffnet, rüstet die englische Mannschaft schon zum Gefecht, als Franklin, durchaus eigenmächtig – *er weiß nicht, woher der Befehl kommt* – die Rolle des Signalfähnrichs übernimmt und die weiße Fahne am Mast so festzurrt, dass sie der zum Kampf bereite diensthabende Offizier nicht zu lösen vermag. Aus einem Gefecht wird, utopischer Entwurf gewiss, ein gemeinsames Fest zweier Nationen vor Australien, die in Europas Gewässern Krieg führen. Dass der Vorfall auf der pragmatischen Ebene keine Konsequenzen, etwa vor einem Kriegsgericht hat, verdankt Franklin dem Kapitän Matthews, eine ihm wesensverwandte Figur, der die Flaggenhissung nachträglich als seinen Befehl ausgibt. Dass der Vorfall auf der psychologischen Ebene die Konsequenz einer Selbst-Heilung hat, verdankt Franklin gewissermaßen einem unbewussten movens: er wusste zum rechten Zeitpunkt richtig zu handeln und verfiel nicht in die Starre des Nicht-Loslassen-Könnens. Die intuitive Eingebung, die weiße Flagge zu hissen, hat das dänische Kriegstrauma getilgt.

Das für Franklin indes typische Verhalten der Langsamkeit führt in anderen Situationen manchmal zu unfreiwillig komischen Wirkungen. Vor allem in jenen, in denen er Frauen begegnet. Sich seiner Unfähigkeit zu geschmeidigem Handeln bewusst, versucht Franklin auch solche Situationen im Vorhinein durchzuplanen. Bis zu der tüchtig eingeübten Frage: *Bist du damit einverstanden, dass ich dir beiwohne?* Natürlich geht dieser Versuch, ausprobiert an der jungen Gwendolyn Traill, gründlich daneben. Zumal diese Frage auch noch an einem Grab, dem des Dichters Fielding, gestellt wird.

Auch bei der ersten Kontaktaufnahme mit seiner späteren Ehefrau Eleanor Pordon wird er das rechte Maß für das richtige Tun vermissen lassen. Auf die Frage Eleanors, ob er ihren Vater kennen lernen wolle, gibt er zwar die gut gemeinte, aber tollpatschige Antwort: *Ich kann keine Frau ernähren. Ich bin im Halbsold und fremdes Geld will ich nicht. Wir sollten uns aber schreiben. Ich schätze Sie auch.* Antwort der verblüfften Frau: *Mr. Franklin, das war mir zu schnell.* Soziale Situationen dieser Art sind es, die den in seiner eigenen Welt lebenden Franklin überfordern. Das weiß er selbst. Deshalb muss er Handlungssituationen herstellen, in denen die anderen gezwungen sind, ihn zu fragen. Ein Traum, der nur erfüllbar ist, wenn er Kapitän eines Schiffes wird.

Was ihm auch gelingt. Er erhält im Auftrag der englischen Admiralität das Kommando über die Trent mit dem Ziel, herauszufinden, ob der Nordpol eine befahrbare Schiffspassage aufweist. Zusammen mit dem Schwesternschiff Dorothea sticht die Trent in See. Es ist eben diese Expeditionsfahrt, auf der die Eisschollenszene sich abspielt. Die einzige lebensrettende Tat ist es nicht, die Franklin dort vollbringt. Denn bei einem orkanartigen Sturm werden die beiden Schiffe nur dank des Kapitäns

Franklin gerettet, weil der, unbeweglich wie er ist, selbst im schlimmsten Wellengang rettende Einfahrten für die Schiffe auf einer Eisscholle entdeckt und – unbeeinflussbar wie er ist – seine Mannschaft zwingt, mit ihm zusammen so lange an den Seilen der Dorothea zu ziehen, bis diese in die Eisscholleneinfahrt gehievt ist.

Warum führen Franklins Handlungsmuster, mit denen er im alltäglichen Leben zumeist scheitert, jetzt zum Erfolg? Weil sich der Situationskontext radikal verändert hat. So sehr, dass Franklins Mängelliste zum unüberschätzbaren Vorteil wird. Wie es sich nun an der Eisschollenszene genau zeigen lässt. Aus der Perspektive der Mannschaft ist die Situation ausweglos; Unruhe, Angst gar, keimt auf. Die zunehmende Anspannung sucht nach einem handlungsentlastenden Ventil, das Franklin indes verweigert. Eigentlich steht der Kommandant nicht nur unter einem Problemlösungs-, sondern vor allem auch unter dem psychischen Druck, den Gruppenerwartungen schnellst möglich zu entsprechen. Wofür er allerdings – in diesem Fall zum Glück – überhaupt keine Empfindung hat. Der Mangel an sozialer Empathie wird zum Pfund, mit dem in Ruhe sich wuchern lässt. Er kann die Vorschläge der anderen Seeleute einfach abblocken, bleibt sogar freundlich.

Noch etwas anderes vermag er abzublocken, was ihm in den anderen Handlungskontexten zum größten Nachteil wurde: die Zeit. Er verfügt über kein Gefühl für das Aufhören. Was wiederum zu seinem und der Mannschaft Vorteil umschlägt. Denn Zeit braucht er ohne Ende. Anders kann er ja gar nicht auf den entscheidenden Gedanken kommen, dass die Eisscholle sich langsam um sich selbst dreht. So gerinnt Franklin auf der Eisscholle zum unbeweglichen Monolith – mithin das Spiegelbild zu jener Echse, Salvator, die er am anderen Ende der Welt in Timor einst beobachtete. Ein Tier, das nur dasitzt. Ein Tier, dessen Schutzwall darin besteht, sich dem unheimlichen Nichts der Natur anzupassen. Mimikry, Handlungsstillstand, Aushebelung der Zeit sind die Überlebensstrategien auf der Eisscholle und auf der Insel des molaiischen Archipels.

Freilich zwingt der zum Monolith geronnene Franklin der Idee des Handelns einen dialektischen Widerspruch auf: jenen, dass jedwedes Planen und Tun sich seiner eigenen Voraussetzungen nicht gewiss sein kann. Wäre es anders, säße auf der Eisscholle kein Franklin, von dem gilt, dass er ein *Blinder* und *Lahmer* sei. Wie ist das zu erklären? Mittels einer kleinen, aber überaus wichtigen Szene des Romans. Es ist die eines Fiebertraumes, den Franklin aufgrund einer kriegsbedingten, lebensgefährlichen Kopfverletzung hat. In ihm entsteht das gleichsam reale Bild eines Schlachtfeldes voller Toter und Verwundeter, auf dem ein Lahmer erwacht und versucht, sich mühsam fortzubewegen. In der Ferne sieht er einen weiß gekleideten Herrn, der stolpernd sich vorantastet und ihm, dem Lahmen, zuruft: Ich bin blind. Zusammen versuchen sie fortzukommen. Schließlich spricht der Lahme davon, dass es zweierlei Arten von Sehen gäbe. *Einen Blick für die Einzelheiten, der das Neue entdeckt und den starren Blick, der nur den gefassten Plan verfolgt und beschleunigt für den Moment.* Merkwürdige, fremdartige Sätze, die die Traumfigur, die sie sagt, selbst nicht recht versteht.

Gleichwohl sind es Sätze, die genau auf Franklin selbst passen. Wiederum ist es, wie einst vor terra australis, sein Unbewusstes, diesmal ein fiebergeschütteltes, das ihm Auskunft über sich selbst gibt. Er, Franklin, ist ein Handelnder des starren Blickes, des vorgefassten Planes, eines Planes, der sogar das Unvorhersehbare mit im Blick hat. Zu dieser Art des planenden Handelns bedarf es des geistigen Drills, des stoisch Eingelernten – oder anders ausgedrückt: Es bedarf der Blindheit, weil alles, was zu sehen möglich ist, schon im Plan vorab gesehen wird. Einem Plan, der seinem Planer Lahmheit, Bewegungslosigkeit aufzwingt, weil alles Zufällige und Mögliche an Bewegung schon ins Koordinatensystem der Bewegungslosigkeit vorab eingerechnet ist.

Ist also, in der Rückschau betrachtet, das Handeln des John Franklin ein Ausnahmefall? Gewiss. Aber vielleicht denn doch nicht nur. Denn sollte die Eisscholle in ihrer Undurchdringlichkeit Symbol für die Welt schlechthin sein, dann drängt sich am Ende sogar die beunruhigende Frage auf, ob nicht in jedem, und sei es noch so erfolgreichem, auch raschem, schnellem Handeln der Treibsand der Blindheit als unerkannter Bodensatz mitschwimmt.

inszenieren

Wann zum ersten Mal der Gedanke gedacht, das Spiel der Welt zur Welt des Spiels zu verwandeln, ist wohl schwer zu bestimmen. Jedenfalls war, sobald der Gedanke seinen Auftritt hatte, das Theater erfunden. Damit die Möglichkeit eröffnet, Welt neu zu ordnen. Nicht mit den Mitteln der theoria, sondern mittels jenen der Maske. Denn jene vermag Geschehenes zu bannen, menschliche Vielfalt auf Grundmuster zurückzuführen, das Ich zu spiegeln, es mithin zu identifizieren oder es von seiner auferlegten Identität zu befreien. Der Erfinder der Maske war gleichsam ein früher Linné, ein Klassifikator menschlicher Natur. Mittels seines Maskenspiels bündelt sich das wogende menschliche Sein mit seinen Gegensätzen zwischen Liebe und Hass, Gerechtigkeit und Betrug, Eifersucht und Vertrauen, Rache und Verzeihen auf der Bühne zu Konstellationen, denen bestimmte, typische Charaktere zugeordnet: sei es der götterverblendete Königs-Machtmensch, der sogar Gesetze bricht; sei es der blinde Seher-Mahner, der umsonst warnt; sei es der Hinkefuß in der Teufelsmaske, der nach der armen Seele greift; sei es der Narr im abgerissenen Kleid, der über die Absurdität der Welt lacht; sei es der Arlecchino aus der commedia dell' arte, der in die Fallen des Alltags tappt; seien es die amorosi, die nur sich kennen und die Welt da draußen vernachlässigen; seien es die Intriganten, Bösewichter und Habgierigen, die auch nur sich kennen, aber die Welt da draußen ganz und gar nicht vernachlässigen. Allesamt Spiegel der Welt schlechthin – doch nicht so, dass sie in Stein gemeißelte Spielfiguren wären, die von der Schablone ihrer Typisierung nicht abwichen.

Im Gegenteil. Sie harren ihrer differenzierten inhaltlichen Ausgestaltung. Die Improvisationskunst ihrer Spieler soll ihr Spektrum an Wandlungsfähigkeit zum Leuchten bringen. Wäre es anders, gäbe es keine solche Maskenvielfalt, wie etwa in der commedia dell' arte. Allein deren berühmteste Figur, der Arlecchino, mutiert in verschiedenste Varianten. Wurzelnd in einer Tradition, die ihr etwas vom Erbe eines griechischen Satyrs als auch eines Karnevalsbuffoni mitgegeben hat, ist diese Theaterfigur Figurentheater ihrer selbst. Nicht eindimensional angelegt, sondern vielschichtig, bis hin zum Widersprüchlichen. Gekleidet in ein Flickenkostüm aus Stoffdreiecken und -rhomben, präsentiert Arlecchino sich als beschlagen und doch hilflos; schlau und doch oftmals naiv; gewandt und doch schutzlos. Was ihm anhaftet, ist eine Art ungebremster Naivität und vielleicht hat ihm gerade diese seine Wandlungsfähigkeit ermöglicht. Wenn es einen auf der Bühne gibt, der Talent zum Changieren hat, dann der Harlekin. Dem Pulcinell fühlt er sich ebenso verwandt, wie dem melancholischen Pierrot; dem Truffaldino wie dem Scaramouche; wobei der Harlekin, seinerseits substantielles Vorbild für den Clown, den Pickelhäring und den Hanswurst geworden ist, die ihrerseits dem Zirkus und Marionettentheater zugehören. Diesen haftet das Odium kindlicher Naivität gewiss mehr an, als ihrem Vorbild. Sie gelten als Einspruchsinstanz gegen das Alltägliche, Gewohnte, scheinbar Gültige. Nicht, dass dabei einem Clown ein kritisch-reflektierter Habitus zu Gebote stünde; aber in seiner Einfalt trifft er oftmals die Kalamitäten und wunden Punkte des alltäglichen Lebens. Clowns können verunsichern, eben weil sie keine Sicherheit ausstrahlen, auch nicht wollen.

Deshalb passen sie, wenn überhaupt, nur in solche Theaterstücke, die mehr von einem filigranen, vorsichtig agierenden Figurenensemble bevölkert sind, denn von robust zusammen gewürfelten Haudraufs. Affinitäten zu clownesken Lazzi und Harlekinaden, zu weißem Puder und Domino sind eher Indikatoren für dramaturgische Weichzeichnungen. Wenn man sich auf solch ein Spiel einlässt, wird auf der Bühne ein Geschehen ablaufen, das eher das Zögern kennt als die Zweckhaftigkeit; eher die Unsicherheit als die Selbstgewissheit; eher das Komplizierte als das vermeintlich Einsichtige. Da genügt es schon, den Clown nur indirekt auftreten zu lassen – nicht als physisch präsente Figur oder Pantomime, sondern als eine zum Gesprächsthema geronnene Figur. Über die Art und Weise des Gesprächs besteht dann kein Zweifel. Denn dort, wo enthusiastisch über die Kunst der Clowns doziert, ist ein zielorientierter Diskurs nicht zu erwarten – eher schon ein an sich selbst zweifelnder Redner. Ein *Schwieriger* eben. Mithin eine Figur wie die des Grafen Hans Karl von Bühl aus Hugo von Hofmannsthals 1921 erschienenem Theaterstück DER SCHWIERIGE. Umgeben von Kulissen, Interieur und Atmosphäre traditionsreicher Palais', entfaltet Hofmannsthal hier noch einmal die Welt altösterreichischer Aristokratie mit ihren Gebräuchen, Ritualen, Etiketten und Konversationsregeln. Was aufglimmt, ist die Renaissance einer einstmals glanzvollen Welt, die, nach dem Zusammenbruch der habsburgischen Dynastie, eher in die melancholischen Farben einer Herbstzeitstimmung getaucht. Wäre es anders, könnte das Liebes- und Verlobungspaar, das sich, getreu den Gesetzen der Komödie, am Ende des III. Aktes doch noch findet, durchaus in die Arme fallen. Was es gleichwohl nicht tut und diese Demonstration der Verbundenheit der etwas ratlos herumstehenden Schwipp-Schwapp-Verwandtschaft als Schlussbild überlässt.

Um wen es sich bei den amorosi handelt, sind: Karl von Bühl und Komtesse Helene von Altenwyl. Beide kennen einander schon lange; in dem Theaterstück haben sie ihren ersten Auftritt erst im II. Akt im Altenwylschen Palais. In einer kurzen Gesprächssequenz doziert der Graf von den Vorzügen, die die Kunst eines Clowns aufweist. Dass der Clown alles durcheinander bringe und doch dabei Recht zu haben scheine; dass er trotz Tollpatschigkeiten seine diskrete Eleganz zu wahren wisse; dass er allen helfen möchte und dabei die größten Konfusionen stiftete. Was sich hier andeutet, wird das Theaterstück bestätigen: die Erkenntnis, dass das Gesagte auf denjenigen, der es sagt, perfekt passt. So gesehen entpuppt sich die zeitlich knapp bemessene Exposition des aristokratischen Liebespaares als eine Art Selbstcharakterisierung Hans Karls im Spiegel des Clowns. Was genügend Anlass für die Vermutung gibt, dass die weibliche Figur angesichts dieses konfusionserzeugenden Gegenüber einiges an Risikobereitschaft und Rollenexperimenten wird aufwenden müssen, um dem gleichermaßen clownesk Zögernden wie auch zögernden Clown am Ende habhaft zu werden. Zumal sie auch dazu wenig Zeit hat. Denn im I. Akt hat sich Graf von Bühl, zum eigenen Verdruss, in fremdbestimmter Konservation üben müssen: etwa mit seiner Schwester Crescence; mit Stani, deren Sohn; mit der Kammerjungfer seiner Ex-Geliebten; mit dem indiskret auftretenden Baron Neuhoff. Dabei ging es im Grunde immer um dasselbe Gesprächsthema – wer mit wem liiert, bzw. verheiratet werden könnte. Das fand in seinem eigenen Palais am Vormittag statt. Nun, im II. Akt, ist er nachmittags im Palais der Altenwyls. Nicht ganz freiwillig. Er soll, seiner Schwester Crescence zuliebe, eine Ehe einfädeln – ausgerechnet zwischen der Helene und dem Stani. Konfusionen werden da nicht ausbleiben. Was freilich nicht nur zu dem Grafen selbst, sondern zur Welt dieser Palais' passt. Denn das ist eine des ständigen Hin und Her, eine des sozialen Wechselspiels, eine des Jonglierens, eine des Changierens zwischen möglichen Optionen des Verkuppelns und Anbandelns. Es ist eine Welt, die in einer Tradition wurzelt, die es nicht mehr gibt und einer Zukunft, die nicht mehr die ihrige sein wird. Eine Welt der Schatten, deren Thema nur noch eines ist: keines mehr zu haben. Belanglose Konversation allenfalls – keine geschliffene, elegante, geistreiche wie in den Salons im Zeitalter Ludwig XIV. Eine Mme Lepinasse oder Mme de Staël wären im Palais der Altenwyls undenkbar. In deren Pariser Salons standen einst Gelehrtengespräche über Wissenschaft, Kunst, Politik im Mittelpunkt – hier in Wien nun einzig Plauderei darüber, wie und mit wem eine standesgemäße Heirat einzugehen sei. Zeitgeschichtliches bleibt außen vor. Auch das, was kaum vergangen – der Krieg. Nur in wenigen, nichtssagenden Floskeln wird dieser ab und zu indirekt erwähnt; da munkelt man von einer Verwundung des Grafen oder davon, was er da *draußen* durchgemacht. Bagatellisieren, Verdrängen. Aber die schwarzen Farben sind auf einmal doch da. Lassen sich nicht wegtünchen. Brechen hervor. Etwa in jenem Gespräch, das der Graf mit dem unglückseligen Ziel führt, Helene mit seinem Neffen zu verheiraten. Da wird er, der Heiratsvermittler wider Willen, das, was ihm im Feld widerfahren, das Erlebnis seines Verschüttetseins im Graben, zur Sprache bringen, in Worte kleiden. Fragt sich nur in welche. Wie müsste denn die sprachliche Wiedergabe eines fast tödlich endenden Kriegserlebnisses klingen? Etwa so? *Menschheit vor*

Feuerschlünden aufgestellt; Ein Trommelwirbel, dunkler Krieger Stirnen,
Schritte durch Blutnebel; schwarzes Eisen schellt, Verzweiflung, Nacht in
traurigen Gehirnen.

Das ist der Anfang des Gedichts MENSCHHEIT, geschrieben von einem Zeitgenossen Hofmannsthals, auch Österreicher, jemand, der als Angehöriger seiner Einheit ‚Feldspital 7/14‘ die Schlacht von Grodek nicht überleben wird: Georg Trakl. Doch Trakls Sprache ist die eines Hofmannsthals nicht. Damit die des Grafen Bühl schon gar nicht. Somit kommt sie auch nicht in dem Konversationsstück, das zudem eine Komödie ist, vor, obwohl sie die Dinge beim Namen nennen würde. Immerhin lässt Hofmannsthal seine Grafen-Figur die Dinge auch beim Namen nennen, aber in ganz anderer Weise. Hans Karl: ‚*Dann war dieses Verschüttetwerden. Das war nur ein Moment, dreißig Sekunden sollen es gewesen sein, aber nach innen hat das ein anderes Maß. Für mich war's eine ganze Lebenszeit, die ich gelebt hab, und in diesem Stück Leben, da waren Sie meine Frau. Ist das nicht spaßig?*‘

Konversationston mithin. Das Erlebte kleidet sich in den traditionellen Sprachduktus, streift gar den Kontext des Spaßigen. Nicht eben eine Erinnerungsleistung, aber psychoanalytische Aufarbeitung in der Bühl-Altenwyl'schen Variante. Was dem Grafen gelingt, ist, das wortwörtlich in ihm Verschüttete ans Tageslicht zu bringen. Damit zugleich sein Traumbild von der Komtesse Helene als seiner Ehefrau. Ein Bild, unwandelbar fest gefügt in den Rahmen einer ganzen Lebenszeit. Das ist die eine Seite. Die andere wäre, zu sagen, was es denn heiße, im Schützengraben, im Hagel von Granaten und Salven, umgeben von Sterbenden und Kadavern plötzlich verschüttet zu werden – Todesangst auszustehen. Ist solches Grauen einzig geglättet im Stillleben der stillen Ehe, der Familie? Verwandelt sich am Ende das im Truppenkollektiv Erlebte in ein Bild des bloß Privaten und gerät zum Material einer Erlösungsfeier? Die Antwort lautet im Fall des Grafen Bühl: ja. Dem österreichischen Aristokraten gerät sein Kriegserlebnis einzig zum Quell einer Einsicht in das, was ihm als Sinn einer Ehe gilt: Dauerhaftigkeit, Festigkeit zu vermitteln. Mehr noch: die Ehe gleicht ihm als etwas *Heiliges*, gestiftet von *höherer Notwendigkeit*, von *höherer Macht*. In dieser Sichtweise übersteigt die Ehe ihre Funktion als eine sozialgesellschaftlich verankerte Institution; sie gerät gar zu einer *heiligen Wahrheit*, zu einem Bleibenden im Kontext des Zufälligen, zu einer Sinnkonstante, die, erfahren zu dürfen sich nicht einem Akt des Wählens, sondern dem eines Gewähltwerdens verdankt. Was die Eva aus den Meistersingern ähnlich sagen würde.

So gebiert ein fast tödliches Kriegserlebnis ein heiliges Traumbild der Ehe, das dem gräflichen Erzähler Anlass genug sein müsste, zu wissen, wohin und zu wem er gehöre. Er weiß es aber immer noch nicht – damit Helene zutiefst verletzend. Er will es wohl nicht wissen, weil er nicht nur *schwierig* ist, sondern Verantwortung scheut. Deshalb sein Hang, sich selbst in dieser Situation hinter dem Spaßigen, mithin hinter dem dummen August zu verstecken.

Doch ist angesichts der Bühl'schen Kriegserlebniserzählung – die eigentlich eine Gralserzählung ist – der spaßhafte Clown, der August, die adäquate Maske, hinter die zu flüchten statthaft ist? Schwerlich. Wenn überhaupt, müsste man den bunt karierten August durch den weiß gepuderten Pierrot ersetzen, da diese Figur, den August-Späßen abhold, die Träne zu ihrem Symbol erkoren.

Aber auch dieser Figurenvariante ist nicht möglich, was dem Grafen Bühl ohnehin als Möglichkeit versperrt bleibt: einzusehen, dass das Faktum des Krieges nicht durch die Wendung ins private Albumblatt zu einer bloßen Episode hinweg bagatellisiert werden kann. Nur melancholisch weinend oder spaßhaft verdrängend lässt Welt sich nicht begreifen.

So wäre, gleichsam hypothetisch, zu fragen, ob es denn überhaupt eine Figur gäbe, die, brächte man sie auf die Bühne, die Kriegserlebnisrede des Grafen nicht ins Spaßhaft-Larmoyante weg retouchierte, sondern mit ernsthaftem pantomimischem Gestus auch sprachlich adäquat kommentierte. Etwa mit folgenden Worten: *Musst dich aus dem Dunkel heben. Wär es auch um neue Qual. Leben mußt du, liebes Leben. Leben noch dies eine Mal!*

Der Text entstammt Hofmannsthals Libretto zur ADRIANE AUF NAXOS, also jenem Stück, in dem er, gemeinsam mit Richard Strauß, sich auf den gewagten Akt des Spielens mit antikem Drama, italienischer buffa, opera seria und opera comique einlässt. Wer den Text spricht, ist die Zentralfigur der commedia dell' arte – der Arlecchino. Seine Präsenz als gewandter lazzi, versehen mit Maske und Pritsche, gäbe der aristokratischen Welt des *Schwierigen* eine andere Prägung. Diese käme in Berührung mit einer traditionsreichen Volkskultur, die, selbstbewusst genug, sich Kritik und Spott, Lachen und Witz nicht verbisse. Eine solche Inszenierung geriete zum Changieren mit Folgen. Denn der Wechsel zwischen Clown und Arlecchino wäre keine bloße dramaturgische Formalie, sondern eine inhaltliche Veränderung, die das artifiziell gekünstelte Fundament der Bühl'schen und Altenwyl'schen Palais' offen legte.

Inwiefern? Weil der Arlecchino mit all seiner Tollpatschigkeit einer mittelalterlichen Volkskultur angehört, der durchaus ein soziales Sprengpotential innewohnt, das sich auch zu entladen weiß. In diesem Kontext entpuppt sich der Harlekin als Speerspitze für das gewagte Experiment, die Obrigkeit zu zausen, die gewohnte Ordnung umzustülpen, die Ständedifferenz zwischen den Menschen sowie die Schranken der Macht einzureißen. Bevorzugtes Zeitfenster für solche Rollenspiele war – so hat es Michail Bachtin in seiner berühmten Rabelais-Studie herausgearbeitet – der Karneval. Die venezianische Maske schützt das Volk nicht nur vor dem Zugriff weltlicher und kirchlicher Macht, sondern lässt ausleben, was die Grundmuster harlekinischer Kritik sind: Parodie, Auslachen, Verlachen, Spott, Ruchlosigkeiten. Im Lachen, dem Oster-Lachen – dem risus paschalis– werden Umwertungen von Werten durchgespielt – und das lange vor Nietzsche. Der Narr ersetzt den König; Tod und Leben werden auf die Lebensbühne der commedia gebracht; Kritik an Feudalismus und Kirche äußert sich in Form der parodia sacra. Wobei die bloße Kritik über sich hinauswächst und neue Formen der *Familialisierung* ins Kalkül sozialer Möglichkeit mit einbezieht.

Tauchte der Arlecchino, zehrend vom deftigen Speck dieser Volkskultur, anstelle des Clowns in dem Altenwyl'schen Palais auf, hätte er Möglichkeiten der Selbstinszenierung genug. Statt harmlosem, clowneskem Spaß – beißender Spott und Lachen über aristokratische, inhaltsleere Konversation; statt bloßer Melancholie – gescheiter Witz eines Narren; statt sich-aus-dem-Spiel-Nehmen – ein sich-am-Spiel-Beteiligen und sei es nur, um der Komtesse bei jener *Enormität* beizustehen, selber um ihren künftigen Ehemann den Grafen Bühl werben zu müssen; statt tollpatschiger Naivität – der Mut zum Pritsche-Schwingen, der Mut zum Aufziehen der schweren Brokatvorhänge des Palais', um auf die Welt da *Draußen* zeigen: Eine Welt mit brennendem Justizpalast, eine der Massenkundgebungen, eine der Arbeitslosigkeit, eine des um sich greifenden Antisemitismus, eine des Revanchismus, eine des Nationalismus, eine der künstlerischen Neuerungen, eine der wissenschaftlichen Revolutionen, eine der kühnen philosophischen Traktate, eine der Kreativität und eine der Barbarei gleichermaßen.

Vor dem Draußen auf der Straße entpuppt sich das Drinnen der Salons als eine auf den Kopf gestellte Welt. Zugleich als eine, die eine komödiantisch vermittelte Distanzierung zu sich selbst nicht leisten kann. Denn dort, wo dem Clown indirekt die Bühne bereitet, taugt der nur zum Verbrämen der Wirklichkeit und dort, wo die Salonbühne in die Wirklichkeit des Krieges umzuschlagen droht, bleibt die an dieser Stelle notwendige Figur, der Harlekin, außen vor. Sie sind sich selbst genug, die Hofmannsthal'schen Figuren. Das Bühl'sche Anbandeln mit der commedia dell' arte vergilbt zu einem Zitat ohne Folgen.

jagen

Aristokratisch Privileg seit arabisch Tagen
ist die Kunst, mit Falken zu jagen.
Greife, voller Eleganz und Kraft
sind Symbole auch meiner Reichsherrschaft.
Als Europas Imperator bin ich bekannt,
bin Gelehrter, Dichter, Weiser,
werde Roger Friedrich genannt,
der römisch-deutsche Kaiser.
Berühmt für meine Falknerei
lass ich den Saker in die Lüfte schwingen,
dass er, gezähmt, doch in seinem Fluge frei,
den Reiher soll bezwingen.
So war mein unumstößlich' Plan,
wohl hundertfach hielt sich der Falke dran.
Doch diesmal sucht er sich ein andres Ziel,
kaiserlichem Befehl zuwider,
es braucht der Zeit nicht allzu viel,
da stößt er sausend kräftig nieder,
auf einen jungen Adler,
dem Nest entschlüpft soeben.
Durchtrennt mit einem scharfen Hieb
die Wirbel ihm, nimmt ihm das Leben.
An Widerstand bot ihm der Adler wenig.

So liegt er tot nun auf der Erd',
der Vögel erster König.

Naturgesetze auf den Kopf gestellt,
verletzt die Ordnung dieser Welt.
Ich, Staufscher Herrscher über den Erdenrund
erkenn darin Orakels Mund:
,Die Welt ist aus den Fugen.'
So füg' ich sie gewaltsam neu,
soll Rom darunter leiden.
Ich duld' es nicht, des Aufruhrs Schrei,
den Falkenkopf lass ich abschneiden.

Begründet Urteil, notwendig hart:
„Weil er seinen Herrn getötet hat."

II.

Eine Ehe ohne Lust,
ein Handel, gehorchend dem politischen Muss,
konnt' mich ihm nicht entziehen.
Um Kreuzfahrerkönigreich zu erringen,
musst ich, der Stauferherrscher,
mir die byzantinisch Kindkaiserin erringen.
Blutjunges Mädchen aus dem Morgenland,
kaum, dass sie sizilianischen Boden vorfand,
sagte, sie wisse wohl, die einzige Gabe,
die sie dem Staufer zu bieten habe,
weswegen sie als Braut sich einzig lohne,
sei ihre jerusalemitanische Reisekrone.

Die Brautnacht – nüchterner Vollzug,
ein Staatsakt, fußend auf Berechnung und Betrug.
Kein *under der linden*
da mugt ir vinden
gebrochen bluomen unde gras
wo ihrer zweier bette was.
Der frouwe war
kein friedel kommen e,
ihr was kein saelic iemer me.
Da war nur ein sizilianisch König
wenig ihr mehr als wenig.

Da war kein roter Mund
der sie geküsst, wol tûsendstund.
Da war kein Liebesglück,
den Bettgenoss streift nur der frouwe Blick
still gleichgült'ger Gegnerschaft,
gleich einem aufgebräuten Falken
in dämmernder Gefangenschaft.
Aus solchen Augen strahlt kein Licht,
sie sehen Dich und seh'n Dich nicht.

In dieser Brautnacht zähmt' ich mir den Falken, gefügig mir bereit,
einzig zum Zweck, auf künftige Zeit
das Erbe zu sichern für meines Reiches Thron,
durch Konrad IV, meinen ersten Sohn.

III.

Der Wormser Dom:
Insignium für den staufischen Thron,
abweisend kaltes Mauerwerk,
jed' Ansturm wehrend wie ein trutzig Berg,
gewaltiger Bau mit rechtem Maß
für Reichsversammlung und Staatsanlass.

1235 viel Volk steht dicht gedrängt
von Lanz und Reitern eingeengt.
Begierig zu wissen, für seinen Teil,
was drin im Dom für ein Gerichtsurteil
gesprochen über den angeklagten Täter
beschuldigt als ein Hochverrräter.

Da liegt er, vom Schmerze seiner Schuld erfüllt,
in düstrem Schweigen des kalten Raumes eingehüllt,
längs hingestreckt auf kaltem Stein,
dem Richtspruch harrend in Not und Pein.
Dem Urteil nicht entweichend,
auch nicht durch tausendfache List,
weil auf Verrat Vergebung nicht gestattet ist.
Ich, Imperator, Kaiser, walte über das Geschehen,
gottgleich richtend über Tod und Leben
lass wortlos den Schuldigen liegen
in kleine Ewigkeiten,
obwohl von allen Seiten
sich tausendfache Blicke auf mich richten,
das Geheimnis meines Urteils nun zu lichten.

Schon wink den Herold ich heran.
da wandelt ein Traumgesicht mich an.
Werd' hybrisgleich zum Falken,
den es im Rüttelflug zwischen Pfeiler und Balken,
gleichsam in höchste Lüfte zieht,
von wo aus er auf Volk und Reichsversammlung sieht.

Blick ich mit scharfen Falkenaugen nieder,
so erkenn ich den schuldig Liegenden dort unten wieder.
Der Falkenjagd erbärmlich Lohn:
das Beutetier – mein eigner Sohn.

Musst er, Heinrich, mein Sohn,
gezeugt mit der spanischen Konstanze,
fordern den Vater zum politischen Tanze?
Sein deutsches Krönchen überbewerten
und damit die Reichsidee gefährden?
Gar mit meinen Feinden koalieren
und als Rex Alemania zu triumphieren?
Verhasst ist mir des Sohnes Bild,
ich jag ihn so, wie der Falke das Wild.
Als Falke bekam ich ihn zu fassen.
Als Imperator müsst ich ihn dem Tode überlassen.
Als Vater ihm das Leben lassen.

Befangen noch im träumend Wahn,
zieh ich als Falke meine Bahn,
doch wie gelockt von eines Falkners Federspiel
bin nun ein Saker ich, der auf die Erde niederfiel.
Die Traumgesichte weichen, das Stimmgewirr im Dom wird leiser,
bin wieder Imperator, Cäsar, Kaiser,
geb' durch des Herolds Mund
mein Urteilsspruch nun kund.
Ich, Stauferkaiser Friedrich II,
geb' Heinrich zwar das Leben frei,
doch nur in Festungsschellen
in apulischen Kastellen.

Als ich nach Jahren ihm die Freiheit bot,
kam Botschaft mir –
‚Vom Pferd gefallen, war wie tot‘.

IV

Mögen zerfallen meine Reiche, meine Kastelle,
in ewigem Kampf mit der römischen Hölle,
so überdauert bis hin zu fernsten Tagen
Friedrichs Kunst, mit Falken zu jagen.
Mein Versuch, ob es gelinge.

Mein Ehrgeiz war zu wagen, was noch keiner gewagt,
das Wissen zu ordnen über Beize und Jagd.
So schrieb ich ein Buch, mir selbst zum Genuss,
und nannte es ‚De arte venandi cum avibus‘.
Denn dem Falkner wird seine Kunst nur gelingen,
wenn er Wissen hat über das Wie der Dinge.
Wie der Falke schlägt den Kranich,
auf welche Art der Reiter dem Falken nähert sich;
Wie der Falkner des Kranichs Schnabel in die Erde bohrt
und ihm mit dem Tode droht.
Wie der Körper des Kranichs gegliedert.
Wie der Falke den Kranich entfiedert.
Wie der Falkner, statt den Kranich zu köpfen,
dessen Herz gibt dem Falken zu kröpfen.
Wie der Kranich beim Abtragen ist zu verwenden,
bis sein Kadaver in Verwesung wird enden.

Auch andere Fragen hab’ ich gestellt in nächtlicher Stunde,
auf die ich bis heute kein’ Antwort und Kunde.

Ist Zähmung das, was Natur sich erwartet,
oder hab’ ich nur den Falken entartet?
Ist Jagd ein natürlich Geschehen,
oder hab’ ich den Falken mit eigener Mordlust versehen?

Von meiner Kunst des Jagens
tönt im Reich viel Kund’,
von meiner Jagd des Fragens
spricht manch gelehrter Mund.
Ob Albertus Magnus vom Dominikanerorden,
Ob Assisis Franz mit seinen Armutshorden,
Ob Walther von der Vogelweide,
Ob ibn Sab’in, der Muslim-Heide –
sie alle traf wie schneidend Falkenhieb,
mein ungewohnter Wissenstrieb.
Der Fragen Messer, scharf gewetzt,
fanden schutzlos sie sich ausgesetzt.
Was macht den Flug der Eulen lautlos gleitend,
den Flug des Falken aber sausend schneidend?
Was macht, dass aller Vögel Flug
immer mal zum Boden führt,
die Schwalbe aber niemals die Erd auch nur berührt?
Wie kommt der Grashalm in die Erde?

Wie kommt er wieder aus ihr raus?
Was macht ihn zur Nahrung für die Pferde?
Was macht ihn zu der Grasmück' Haus?
Was ist's, dass immer neues Leben aus ihm sprießt?
Was macht, dass seine Farbe wie im Wechsel fließt?
Von grün zu gelb, sodann zu braun -
der unachtsame Blick bemerkt es kaum.
Ist Welt so, wie sie immer war, seit eh und je
entsprungen einzig eines Schöpfers Idee?
Ist Welt ein Gebild' für menschlich Ergetzen,
gleichwohl gehorchend nur Naturgesetzen?
Gibt es die Unsterblichkeit der Seele?
Richtet ein Gott über Wohl und Wehe?
Gibt es ein Wissen, woher ich komm', wohin ich gehe?

Sind all Gebirge, weit und breit,
so seiend in alle Ewigkeit?
Hat Erde Magma gespieen und unendlicher Zeiten geharrt,
bis flüssiges Lava zu Stein erstarrt?
Sind Berge, Flüsse, Täler, Auen,
schon immer da, oder verdanken sie sich dem menschlich Schauen?
Ist Welt daseiend für den Menschen nur?
Was ist der Ort des Menschen im Kreislauf der Natur?

Mit solchen Fragen der Gelehrsamkeit
jag ich, der Stauferkaiser, weit voraus der eignen Zeit.
Beredt die Antwort des genannten Muslim-Heiden:
solche Fragen seien zu meiden,

der Kaiser würde nur aus Eitelkeit auf solche Fragen lenken,
doch seien solch triviale Dinge nicht wert, darüber nachzudenken.

V

Nicht nur Jäger bin ich, Gelehrter, der befragt,
auch Herrscher, der oft selbst gejagt.
Mit sieben Jahren sizilianisch Königskindel,
für den Papst politisch' Mündel,
streunend durch Palermos Gassen Schlund,
gleich einem herrenlosen jungen Hund,
gewitzt bin ich genug, dass ich mir oftmals hole,
Fischfänge auf der Mole.

Ein Domherr, hasserfüllt,
verfolgt mich herrenloses Mündel,
erblickt in mir gottloses Gesindel.
Vor dem mich jagenden Pater,
finde ich Versteck bei meinem normannischen Großvater,
dort, wo dessen sterblich Überrest lag,
im kirchlich-steinernen Sarkophag.

So wird der Tod zu meinem Lebensbegleiter,
jagt mich wie einen schwarzen Reiter,
wandelnd sein Gestaltbild schon,
wird zum gefährlichen Skorpion.
Denn dessen Gift und Blut
soll töten mich – das ist der Plan päpstlicher Mörderbrut.
In höchster Not töte ich das Tier,
wie dieses einst den Mithrasstier.
Fast hätte das schwarze Rom den Kampf gewonnen,
doch konnte ich durch meinen Mut der Gefahr entkommen.

Je mehr durch Bannfluch ich gejagt,
je mehr wurd' ich zum Jäger,
wurd' Falke, der im Sturzflug gleich
die Feind' bekämpft in seinem Reich.
Weh Ihnen, wenn meine Hieb' sie trafen,
ich ward bekannt für meine Grausamkeit im Strafen.
Ich blendete das Augenlicht
mancher Verschwörerbande,
so laste ich mit schwer' Gewicht
auf meines Reiches Meer und Lande.
Ob Bayern, Worms oder Burgund,
ob lombardisch reiche Städte,
auf meinen tausend Ritten schlug ich sie wund,
es schien, als ob ich Lust am Schinden hätte.

Jetzt, am Ende meines Lebens,
werd' ich in meinem Fiebertraum
zum Mörderhirsch.
Trag ein Geweih aus nackten Spießen,
mit dem sich unschwer junge Hirsch'
zu Tode forkeln ließen.
Mein Haarkleid – nur noch verhorntes Gefühl,
abgetan all' die Lust und kaiserliches Bettgewühl.
Mein Geweih – das sind verknöchert Fragen und Gedanken,

wer wird es sein, der den Papst weist in seine Schranken?
Diesem Papst, dem der Kaiser nur eines ist:
Schrecken der Welt. Der Grausamkeit Meister. Der Anti-Christ.

Friedrich, ich, Hirschkönig und Herrscher im Reich:
Zur letzten Jagd befehl ich sogleich
all meine Falken zu schicken,
dass ihre Augen das ganze Land überblicken,
dass ihre Flügel zu Wolken sich verdichten,
dass nirgends die Sonne das Dunkel kann lichten.
Dann ziehen dünne Vogelstimmen,
gleich einem fahlen, sterbend Glimmen,
wie ein Orakel ihre unaufhaltsam' Bahn
und künden den Tod des Kaiser Friedrich an.

kondolieren

Gewiss – ein Kondolenzbesuch gehört nicht eben zu dem, was auf dem Zettel alltäglich zu verrichtender Routineangelegenheiten steht. Eher zählt er doch zur Ausnahme, zudem zu einer, die eine gewisse Selbstdisziplinierung abverlangt. Denn eine Ungeschicklichkeit möchte man gerade in einer solchen Situation vermeiden. Angemessenes Verhalten also. Aber was ist angemessen? Etwa eines, das in der nachfolgenden Szene sich zeigt?

‚Es ist Zeit zu kondolieren‘, denkt Carl Joseph, erhebt sich und sagt: „Herzliches Beileid, Herr Slama!" Der Wachtmeister sitzt, beide Hände vor sich an der Tischkante, scheint nicht sofort zu erkennen, worum es sich handelt, versucht zu lächeln, erhebt sich zu spät in dem Augenblick, in dem Carl Joseph sich wieder setzen will, nimmt die Hände vom Tisch und führt sie an die Hose, neigt den Kopf erhebt ihn wieder, sieht Carl Joseph an, als wolle er fragen, was zu tun sei. – Sie setzen sich wieder. – Es ist vorbei. Sie schweigen.

Das scheint, selbst für ein kurzes Kondolieren, sehr kurz. Befremdlich anmutend, so, als ob da noch etwas anderes, Ungesagtes, mit hineinspielt. Da sind die asynchronen Körperbewegungen der beiden Männer, da ist ein asynchroner Zeittakt, da ist Verlegenheit, Verständnislosigkeit für die ganze Situation gar. Zudem scheint noch ein hierarchisches Gefälle vorzuliegen. Von dem Wachtmeister, mit Herr Slama angeredet, heißt es, er führe die Hände an die Hose, den Kopf geneigt – eine Geste, die an einen Befehlsempfänger denken lässt. In militärischen Kontexten etwa.

Was auf diese Szene durchaus zutrifft. Natürlich handelt es sich um eine Romanszene, eine, die im RADETZKYMARSCH von Joseph Roth vorkommt, mithin auch eine, die zur Zeit der K.-u.-K.-Habsburgermonarchie am Vorabend des I. Weltkrieges spielt. Eine Szene, in der zwar kondoliert, zugleich aber dieses auch unterlaufen wird; eine Szene, in der unter der Oberfläche des formal Höflichen, sich Ungesagtes, Verstecktes, Bedrohliches verbirgt. Das schlüsselt sich freilich erst auf, wenn der Gesamtkontext sichtbar wird.

Zwei Männer stehen sich gegenüber. Der eine: Slama, der Wachtmeister, einfacher Dienstgrad. Dabei wird es bleiben und viel mehr wird man über ihn nicht erfahren. Der andere hingegen: Carl Joseph. Leutnant in spe, Freiherr, Sohn eines Bezirkshauptmanns und vor allem eines: Enkel des Helden von Solferino.

Sein Großvater war es, der in der blutigen Schlacht am Gardasee – Henri Durant war es, der damals beschloss, das Rote Kreuz zu gründen – dem österreichischen Kaiser das Leben rettete. Gefeiert als Held, wurde dieser Großvater – selbst Sohn eines einfachen Wachtmeisters – zum Hauptmann befördert und zum Baron geadelt. Gleichwohl quittiert er, wegen einer Lappalie, den militärischen Dienst; wird Bauer und zwingt seinen Sohn Franz von Trotta, eine juristische Laufbahn einzuschlagen. Auch dieser avanciert rasch zum Bezirkshauptmann. Dessen Sohn wiederum ist eben jener Carl Joseph aus der oben angeführten Szene. Als Schüler einer Kavallerie Kadettenschule in Mährisch Weißkirchen verbringt er seine Ferienzeiten immer im väterlichen Haus. Die Mütter kommen in dieser Ahnengalerie kaum vor – Carl Joseph kann sich an seine eigene, früh verstorbene Mutter nicht erinnern.

Die Ferienaufenthalte des jungen Carl Joseph sind in zweifacher Hinsicht aufschlussreich. Sie machen zum einen die ambivalente Struktur der Vater-Sohn-Beziehung deutlich. Da herrscht militärischer Disziplinierungszwang vor – sei es, dass der Sohn vor dem Vater ordnungsgemäß die Hacken bei der Begrüßung zusammenschlägt; sei es, dass der Vater seinen Sohn in dessen Rolle als Kadettenschüler prüft: über Dienst, Reglement, militärische Vorschriften, auch über die geleistete Privatlektüre. So sehr freilich den Sohn diese väterliche Strenge, die auch zu den Essensmahlzeiten vorherrscht, einschüchtert, so fühlt er, der Unsichere, sich doch auch in dieser Macht geborgen, die ihm Abglanz kaiserlicher Macht schlechthin zu sein scheint.

Zum anderen lernt der Kadettenschüler Carl Joseph während seiner Ferien noch eine andere Welt kennen: die der Gendarmeriekommandantur des Wachtmeisters Slama. Genauer: es öffnen sich ihm die Privaträume der schönen Frau Slama. Sie ist es, die den in Uniform, Pflicht, Abhängigkeit, Subordination und Disziplin eingezwängten Körper des jungen Kadetten zu befreien versteht. Regelmäßig – zu den jeweiligen Dienstzeiten des Wachtmeisters – wird er sie besuchen und regelmäßig seinem Vater die Rückankunft in seinem Hause vermelden. Dieser weiß ohnehin Bescheid – manche seiner Bemerkungen *Es riecht hier nach Herbst* sind beredter Natur.

Die Ausbildung des Kadetten und die Lehrjahre des Geliebten enden zeitgleich. In seiner Eigenschaft als Enkel des Helden von Solferino besteht Carl Joseph, trotz mäßiger Leistungen seine Offiziersprüfung und natürlich ist seine Ankunft als Leutnant im väterlichen Hause ein ganz besonderes Ereignis – für den Vater. Dieser glaubt seine eigenen, unerfüllt gebliebenen soldatischen Träume nun im Sohn verwirklicht zu sehen. Dass dieser von seinem ganzen Wesen her kein Soldat ist und nie einer werden wird, vermag der Vater hier noch nicht zu realisieren – zu sehr scheint die Paradeuniform des Sohnes ein glänzendes Versprechen für die Zukunft.

Die gelöste Atmosphäre der ersten Leutnantstage im väterlichen Haus wird freilich bald getrübt. Durch eine scheinbar beiläufige Bemerkung des Bezirkshauptmanns: *„Du kennst doch den Wachtmeister Slama. Er ist leider Witwer geworden, in diesem Jahr. Traurig. Die Frau ist an einer Geburt gestorben. Solltest ihn besuchen."*

Ein befohlener Besuch mithin. Zudem kein einfacher. Es gilt, Beileid für jemanden zu bekunden, den man nicht nur hintergangen hat, sondern von dem man ahnt, dass dieser seinerseits um die Affäre seiner nun verstorbenen Frau Bescheid weiß: schließlich hat der einstige Kadett eine stattliche Anzahl Briefe an Frau Slama geschrieben, die nun im Besitz von Herrn Slama sind.

Unter der Maske eines Kondolenzbesuchs treffen sich also zwei Gegner. Was sich in der Begrüßung schon andeutet. Der Leutnant stürzt sich in sie hinein wie in eine *Schanze;* der Wachtmeister, in die Defensive gedrängt, hält den Blick gesenkt, in der hohlen Sprachformel *Danke für den Besuch, Herr Baron* Zuflucht suchend. Der Eintritt ins Haus ist unumgänglich, auch wenn beide ihn nicht wollen. Kaum ist dem Gast eine Zigarette angeboten worden, trägt dieser schnellstmöglich seine Kondolenzformel vor – inhaltsleer, wie wohl so manch' andere Beileidsbezeugung auch. So kommt es zu jener eigentümlichen Szene, die eingangs zitiert wurde.

Der Tod der Frau Slama ist es nicht, der die Welt hier in düstere Farben taucht; es ist das Unausgesprochene, früher Geschehene, das die Kondolenzformel mit einer so tückischen Sprengkraft versieht. Nicht umsonst fällt sie so aus, wie sie ausfällt: kalt, distanziert, unaufrichtig.

Schweigen umgibt beide Akteure. Eines, das übertüncht werden muss und sei es durchs Anbieten von Himbeerwasser, von dem der junge Gast ohnehin besser als der Hausherr weiß. Stockend entwickelt sich so etwas wie ein Gespräch über Militärisches, also einem Gebiet, in dem Ordnung und Disziplin vorherrschen. Doch selbst hier lassen sich die mühsam unterdrückten Konflikte zwischen den beiden Figuren nicht ganz verbergen. Sie brechen sich Bahn in Form eines plötzlichen Lachens des Wachtmeisters über die Bemerkung des Leutnants, dass man es schwer habe in *unserem* Beruf des Militärs. Fast ein wenig von den Mozart-Figuren Figaro und Masetto glimmt plötzlich in dem Wachtmeister auf, als er dem Leutnant folgende Antwort gibt:

„Herr Baron belieben von unserem Beruf zu sprechen. Bitte, es mir nicht übel zu nehmen, bei unser einem ist es doch etwas anderes."

Gehässigkeit schimmert durch, eine, die sogar dem Leutnant nicht verborgen bleibt, auf die er aber nur mit einem stummen Lächeln, das ihn wie eine *eiserne Klammer* festhält, zu antworten weiß. Es gilt ihm einzig, diesen Besuch formal korrekt zu beenden. Das Durchblättern eines Familienalbums der Slamas, das Carl Joseph längst kennt, bringt noch einmal eine künstliche Besuchszeitverlängerung. Mit der toten Frau Slama hat er abgeschlossen, mit dem vor ihm stehenden Herrn Slama auch. So vermag er beim Abschied das, was bei so manchem Kondolenzbesuch mitschwingt: ehrlich zu heucheln. Eine Photographie von Frau Slama anschauend, sagt er wie beiläufig: *„Sie war sehr hübsch. Man sieht's!"*, dabei den Gedanken im Stillen aussprechend: *Man sagt etwas Nettes von einer Toten, im Angesicht des Witwers, dem man kondoliert.*

Der Ranghohe verabschiedet sich hochmütig vom Rangniederen, der sprichwörtlich mit ratlosen, leeren Händen hilflos dasteht. Der Wachtmeister hat seine ohnehin fast aussichtslose Möglichkeit verspielt, den Leutnant zum Reden zu bringen, ihn gar zu stellen.

Gleichwohl hat die Szene noch einen kleinen, aber bedeutenden Nachspann. Carl Joseph ist scheinbar schon in Sicherheit auf der Straße, als ihn der unerwartete Anruf *Herr Baron* von hinten erreicht. Slama ist ihm unhörbar gefolgt. In der Phantasie des unsicheren Leutnants fügt sich die Situation zu einem Bild, mit dem er sehr wohl schon zu Beginn seines Besuches gerechnet hat: eine Pistole ist auf ihn gerichtet. Aber der Wachtmeister hält nur ein Bündel Briefe in seiner Hand. Es sind die Liebesbriefe von Carl Joseph an Frau Slama. *Der Bezirkshauptmann sagt Slama hat's angeordnet. Ich hab's damals gleich hingebracht. Der Bezirkshauptmann hat's schnell überflogen und gesagt, ich soll's persönlich übergeben.* Slama, der betrogene Ehemann, gibt sein einziges Beweismaterial aus den Händen. Als Wachtmeister ist er schließlich nichts anderes als ein weisungsgebundener Untergebener eines mächtigen Vorgesetzten. Zugleich wird offenkundig, dass der Leutnant die ganze Zeit unter dem Schutz seines Vaters gestanden hat.

Dies bestätigt sich in der nächstfolgenden Szene, einer Art Coda. Carl Joseph betritt das einzige Café des Städtchens, wo regelmäßig zu bestimmten Zeiten auch der Bezirkshauptmann verkehrt. Der kurze Dialog zwischen Vater und Sohn ist beredt genug. *„Kommst vom Slama?" „Jawohl, Papa." „Er hat dir deine Briefe gegeben?" „Jawohl, Papa." „War er unangenehm, der Slama?" „Nein, recht netter Kerl". „Na also!"*

Die dürre, knöcherne Hand des Vaters, die sich wie eine *harte Schale* über die Rechte des Sohnes legt, ist nicht nur eine befehlende, sondern auch schützende, zumal in einer Situation, die dem Vater hätte Anlass geben können, den Sohn zu maßregeln. Stattdessen bestellt er für den Sohn Cognac – mithin kein Himbeerwasser und goutiert das Geschehene mit der lakonischen Aussage: *Recht viele Briefe.*

Man verlässt das Caféhaus, versehen mit der Bemerkung des Bezirkshauptmanns an die, dem Sohn nur einen billigen Cognac ausschenkende Kellnerin, *Wir trinken nur Henessy,* und nähert sich dem Tor der Bezirkshauptmannschaft, in dem der Wachtmeister seinen Dienst verrichtet. Von dort droht nun keine Gefahr mehr. Die soziale Hierarchie und Ordnung, die bei dem Kondolenzbesuch für einen winzigen Moment gefährdet schien, ist wieder im alten Geleise. Das beweist der geradezu schon joviale Ton des Bezirkshauptmanns gegenüber dem Dienstuntergebenen *„Grüß Gott, lieber Slama. Nichts Neues, was?"*, *„Nichts Neues!"*, wiederholt der Wachtmeister. Das – noch – funktionierende System der K.-u.-K.-Monarchie hat dafür gesorgt, dass an der formalen Oberfläche der Kondolenzbesuch das blieb, was er sein sollte: ein Kondolenzbesuch eben.

Carl Joseph wird sich noch ein zweites Mal dieser Gattung von Besuchsform unterwerfen müssen. Diesmal allerdings nicht bei einem Mann anlässlich des Todes seiner Frau, sondern umgekehrt bei einer Frau anlässlich des Todes ihres Mannes.

Abermals ein schwerer Weg für den Leutnant. Die dunklen Farben des sich-bedroht-Fühlens schimmern wiederum durch – deshalb erinnert sich Carl Joseph an den einstigen Slama-Besuch – aber nun ist es ein anderes Bedrohtsein. Eines, das erotischer Natur ist. Und das bei einem Kondolenzbesuch, dessen Schein nur mühsam durch das Hinzutreten einer dritten Person gewahrt werden kann, die sich – wie könnte es auch anders sein – als eine Vaterfigur entpuppt. Nur, dass es sich diesmal nicht um den Bezirkshauptmann, sondern um den Vater der Witwe handelt.

Natürlich hat auch dieser Besuch seine Vorgeschichte. Vergleichbar jener der Slama-Episode. Wiederum handelt es sich um ein Dreiecksverhältnis. Bei dem mährischen Ulanen-Regiment, wo der junge Trotta seinen ersten Leutnantsdienst antritt, lernt er den Regimentsarzt Dr. Demant kennen. Eine Art Außenseiter wie er selbst. Auch dieser kein Militär, aber eben auch nicht Enkel eines Helden, sondern der eines jüdischen Schankwirts.

Dass der adelige Trotta in dem bürgerlichen Demant einen Freund gefunden hat, bemerkt er erst, als die Freundschaft zu zerbrechen droht. Wegen Demants Frau Eva, geb. Knopfmacher, Tochter eines reichen Bürgerlichen, eines Kommerzienrates in spe. Sie, eine dem Luxus und der Abwechslung zugewandte Frau, ist es, die nicht nur ihrem Mann gegenüber ihre kalte Missachtung offen ausspricht – *Ich vermisse dich nie* – sondern auch Herrenbesuche in ihrem Hause empfängt: jene des Leutnants von Trotta. So häufig, dass dem Regimentsarzt, von seinem Schwiegervater auf den drohenden Skandal angesprochen, um seiner Ehre Willen nichts anderes übrig bleibt, als seinen Duzfreund mit folgender Frage zur Rede zu stellen: *„Was gibt es zwischen meiner Frau und Ihnen, Herr Leutnant?"*

Doch eine Beantwortung der Frage bleibt zunächst aus. Joseph Roth lässt seine Leutnant-Figur zunächst schweigen. Die Sprache versiegt, als wäre sie *für ewige Zeiten verdorrt*, ein *schwarzer Abgrund* stellt sich ein, als wäre alles von einer *Finsternis überwölbt*. Eine eindeutige Antwort auf die Frage scheint nicht möglich, weil die Frage als solche in die Leere der

Gleichgültigkeit hineinragt. *Es war, als gäbe es in der ganzen weiten, großen Welt keine Antwort auf die Frage Doktor Demants.*

Die Antwort auf Demants Frage ist – bevor sie überhaupt gegeben wird – bereits sinnentleert, weil die Welt für die beiden Protagonisten ihre Sinnkoordinaten verloren hat. Der Regimentsarzt weiß, dass die *kindische Liebe* zu seiner Frau in ihm ausgelöscht ist; er weiß, dass die Armee, der er so ungern dient, dem Untergang geweiht ist. Trotta wiederum weiß, dass der sich ihm aufdrängende Begriff der *gebrochenen Treue* nicht ausgesprochen werden darf, da sonst die Männerfreundschaft zerbricht. So gibt er eine Antwort, die die Chance auf beiderseitiger Wahrung der Fassade bietet: *„Herr Regimentsarzt, zwischen Ihrer Frau und mir ist gar nichts."*

Dennoch rollt die Demant-Episode unerbittlich auf ihr tragisches Ende zu. Denn das, worüber die beiden Freunde schweigen und Demant auch gar nichts Genaues zu wissen wünscht – die Affäre seiner Frau – wird öffentlich. Bei einem Theaterabend. Im Streit verlässt Demant noch während der Vorstellung seine Frau; diese wird von dem – zufällig? – am Theaterausgang wartenden Leutnant von Trotta nach Hause begleitet. Dieser Vorfall wiederum wird dem Regimentsarzt beleidigende und antisemitische Sticheleien seitens eines anderen Offiziers einbringen. Ein Duell ist – gemäß den Regeln des K.-u.-K.-militärischen Ehrenkodex – unvermeidlich; es endet für beide Duellanten tödlich.

So steht also für den Leutnant Trotta ein Kondolenzbesuch bei der Witwe des Freundes an. Drei kurze Akte wird er dauern – ablesbar an einer abgestuften Lichtregie. Winterliche Nachmittagsdämmerung empfängt den Carl Joseph; vor allem aber eine schwarz gekleidete Frau mit leuchtenden Augen und schimmernden weißen Zähnen. Bei der Slama-Episode währte die Begrüßung viel zu kurz, hier nun viel zu lange. Doch hier wie dort übermannt den Leutnant ein Gefühl der Bedrohung. Der Schatten des toten Freundes verfolgt ihn fast so, wie Banquo den Macbeth. Mit einer Art Schuldeingeständnis versucht er ihn abzustreifen. Die als Kondolenzformel gedachten Worte *Ich bin schuldig,* kommen zwar wie ein mögliches Eingeständnis daher, werden aber sogleich ins Banale abgeschwächt. *Ich hätte Sie vorsichtiger nach Hause führen müssen. Nicht am Kasino vorbei.* Das ist nichts anderes als Ausrede, bloße Selbstbeschwichtigung. Einsicht in und Verantwortung für das eigene Tun zu übernehmen, ist die Sache dieser Figur nicht und wird es auch nie werden.

Das Licht einer kleinen Lampe, verborgen unter einem sanften, goldenen Schirm, leitet zum zweiten, ebenfalls wortkargen Akt über. Die Frau ist es, die das Gespräch in Gang zu halten versucht – etwa mit Fragen zu dem künftigen Aufenthaltsort des Leutnants, der sich nach der Duellaffäre transferieren lassen muss. Trotta, in Schweigen gehüllt, empfindet die erotische Verlockung der Frau mit dem beredten Vornamen Eva und mit den übermütigen und lasterhaften Lippen beim Zigarettenrauchen zur Bedrohung: statt Pistole im Rücken nun eine *gefährliche Befehlshaberin der Kissen und Polster*. Wäre er ein wenig literarisch versiert, mutierte ihm wohl die Eva zum weiblichen Richard lll: *Ward je in dieser Laun' ein Mann gefreit?* Je mehr schwül-laszive Atmosphäre den so genannten Kondolenzbesuch umfängt, umso stärker der Hang Carl Josephs nach dem, was das ihm Gemäße: unverarbeitetes Geschehen zu vergessen. Darin ist er Meister.

Zugute kommt ihm dabei, dass im nun folgenden dritten Akt der unvermittelt in das Haus eintretende Herr Knopfmacher das Deckenlicht entzündet und das Gespräch auf pragmatische Angelegenheiten leitet, die nichts mit dem Tod des Regimentsarztes Demant zu tun haben. Mit dem Licht im Zimmer ist die Gefahr des seelischen Dunkels gebannt. Unwissentlich übernimmt der Vater von Eva die Rolle des väterlichen Bezirkshauptmanns; er schützt den Carl Joseph vor sich selbst. So kann dieser, militärisch korrekt, endgültig Abschied von Eva nehmen.

Dass der Leutnant – einer von der traurigen Gestalt – nach Verlassen des Hauses sogleich ein Café betritt, ist geradezu zwangsläufig; dass er die Stimme des Bezirkshauptmanns in seinem Gedächtnis sagen hört – *Wir trinken Henessy* – auch. Die Dinge wiederholen sich. Auch darin gleichen sich beide Kondolenzbesuche, dass sie keine waren. Der Form freilich wurde Genüge getan.

lieben

Am Ende der Geschichte sitzen die beiden in einem kleinen Café und rühren in ihren Tassen. Gedankenverloren, wortlos, schweigend. Mehr geschieht nicht – und doch ist der Moment des Geschehens übervoll. Denn in dem stummen Tête-à-tête am Cafétisch kündigt sich die Abkündigung einer Beziehung an. Einem Liebespaar kommt die Liebe abhanden.

Woraus gleichwohl keine Tragödie folgt. Dafür sorgt schon Erich Kästner. Wenn schon ein Gedicht über eine verlorene Liebe, dann keines in larmoyantem, sondern im lakonischen Stil; wenn schon eines über ein sich trennendes Paar, dann keines, das deren Streit zelebriert, sondern deren Geniertheit präsentiert; wenn schon eines über eine Lebenskrise, dann keines mit dem Titel ROMANTISCHE TRAGÖDIE, sondern mit jenem der SACHLICHEN ROMANZE.

> *Als sie einander acht Jahre kannten*
> *(und man darf sagen: sie kannten sich gut),*
> *kam ihre Liebe plötzlich abhanden.*
> *Wie andern Leuten der Stock oder Hut.*
>
> *Sie waren traurig, betrugen sich heiter,*
> *versuchten Küsse, als ob nichts sei,*
> *und sahen sich an und wussten nicht weiter.*
> *Da weinte sie schließlich. Und er stand dabei.*
>
> *Vom Fenster aus konnte man Schiffen winken.*
> *Er sagte, es wäre schon Viertel nach Vier*
> *Und Zeit, irgendwo Kaffee zu trinken. –*
> *Nebenan übte ein Mensch Klavier.*
>
> *Sie gingen ins kleinste Café am Ort*
> *Und rührten in ihren Tassen.*
> *Am Abend saßen sie immer noch dort,*
> *sie saßen allein, und sie sprachen kein Wort*
> *und konnten es einfach nicht fassen.*

Vermutlich sitzen die beiden immer noch da, in immer denselben Tassen herumrührend, so wie Vermeers Magd seit Jahrhunderten immer dieselbe Milch aus ihrem Krug fließen lässt. Eine literarische Stillleben-Szene, in der die beiden Caféhausbesucher zu Symbolen verloren gegangener Träume und erkalteter Passionen gerinnen. Womit sie, ganz unfreiwillig, Momente des komplexen Beziehungsgefüges *Lieben* sichtbar machen, die dem alltäglichen Blick oftmals entzogen. Allein der Gedichtanfang spricht mit seinem Hinweis auf die Zeitlichkeit des Geschehens das an, was die Liebe zu übertölpeln versucht: die Zeitlichkeit selbst. Denn ihrer Idee nach ist die Liebe auf Dauer angelegt: Sie schließt schon vorab alle Möglichkeiten des Wandels mit ein, um sich der eigenen Unwandelbarkeit zu vergewissern; sie spiegelt ihr eigenes Erleben im Gefühl des Plaisirs, das sie als zeitlos empfindet. Wer diese Gedankenspiele über die Liebe kreierte, waren französische Literaten des 17. Jahrhunderts, wie etwa Crébillon; wer diese Gedankenspiele wiederum als Material in seine Kommunikationstheorie über die Liebe einbaute, war Niklas Luhmann in seinem schönen Buch LIEBE ALS PASSION von 1994. Was er sichtbar macht, ist die Paradoxie der Liebe im Umgang mit der Zeitlichkeit. Einerseits setzt Liebe genau dort auf Konstanz und Unvergänglichkeit, wo andererseits das nüchterne Bewusstsein die Inkonstanz und Vergänglichkeit des Liebens in der konkreten Praxis kühl registriert. *Vor diesem Hintergrund muss die Dauer der Liebe eine kontrafaktische Behauptung werden – jener Ewigkeitsschwur, der nur im Moment zählt, der aber im Moment notwendig ist, um dem Bewusstsein der Inkonstanz zu widersprechen.*

Die ernüchternde Einsicht in die mögliche Inkonstanz der Liebe, überfällt – plötzlich gar – das Figurenpaar in Kästners Gedicht. Was tun? Die Reset-Taste betätigen? Das mag in technischen Kontexten erfolgversprechend sein, weniger aber in jenen zwischenmenschlicher Beziehungen. Neu-Inszenierungen von Lebensentwürfen können schlechterdings nicht bei einem imaginären Nullpunkt ansetzen; vergangene Lebenszeit lässt sich nicht einfach ,auslöschen'.

Wäre mithin eine erneute Werbung um den anderen, etwa in der Art einstiger Galanterie denkbar? Also ein Werben, das sich alle Optionen offen hält – sowohl die des bloßen Verfügens über das Vergnügen, als auch die des Fügens einer festen Beziehung? Beide Möglichkeiten wären für das Kästner-Paar sinnentleert: Tändelei wäre angesichts der gemeinsam verbrachten Lebenszeit lächerlich; festgefügte Intimität hingegen zerbrach soeben. Die französische Galanterie des 17. Jahrhunderts ist als Modell für sachliche Romanzen des 20. Jahrhunderts ungeeignet – auch wenn sie von Luhmann noch so schön kommunikationstheoretisch eingekleidet wird: *In der Form der Galanterie kann die Werbung ..., gewissermaßen unverbindlich, durchgeführt werden. Galantes Verhalten ist nach beiden Seiten, zur Intimität und zur Geselligkeit hin, anschlussfähig.* In vorliegendem Fall haben die beiden Caféhausbesucher den Rubikon der Galanterie freilich längst überschritten. Obwohl im Modus der Vergänglichkeit befangen, übersteigt sie, zumindest der Idee nach, diese ihre Bedingtheit: Sie setzt sich, wie alle Lust schlechthin, als ewiglich und wird damit zum Kontrafaktum ihrer selbst.

Bliebe also jener Rettungsversuch, den das Kästner-Paar selbst durchprobiert: in den Modus des *Als-ob* zu verfallen. Also Küsse versuchen, als ob nichts sei. Unfreiwillig wird damit jene Bühne betreten, die die französische Literatur der GEFÄHRLICHEN LIEBSCHAFTEN im 17. und

18. Jahrhundert bereits durchexerziert: jene der Künsteleien, der verdeckten Spielereien, der Intrige, der Täuschung. Für den modernen Kommunikationstheoretiker ist hier die Grenze der Kommunikation erreicht, denn ein Dechiffrieren dessen, was der oder die andere meint, ist nicht mehr zuverlässig möglich. Erkünsteltes Plaisir ist der Ruin der Liebe. Was diese um ihres Eigenwertes willen nie und nimmer zulassen kann, ist die Haltung der Täuschung, die Einstellung des bloßen *Als-ob*. Luhmanns Analysen zu den lettres von Crébillon lesen sich wie ein Kommentar zu Kästners SACHLICHER ROMANZE – *Alle Künsteleien, die Fortdauer vorspiegeln, werden gerade dem, der noch liebt, unerträglich. Auch aufrichtige Liebe ist machtlos, wenn der Quell des plaisir versiegt.*

Bliebe also, zum Schluss, das, was der Gedichtschluss beinhaltet: ein Schweigen? Was für eines liegt da eigentlich vor? Etwa ein gesprächiges? Gerade Liebende kennen ein solches gesprächiges Schweigen, ein stilles Einverständnis, das sich im stummen Augenspiel erschöpfend unterhält. Dem Kommunikationstheoretiker enthüllt sich an dieser Stelle ein weiteres Paradox der Liebe: jenes, dass sie *Kommunikation unter weitgehendem Verzicht auf Kommunikation intensivieren kann.* In dieser Hinsicht ist das Lieben der Liebenden gesprächig, aber zugleich hoch verletzlich. Denn allein ein Frage- und Antwortspiel würde die unhinterfragte Gesprächigkeit in ein Gespräch überführen, das etwa nach einer Begründung, einer Rechtfertigung, einem Warum fragt. Die Liebe müsste sich dann selbst thematisieren und damit jene Grundlagen in Frage stellen, die einst die romantische Liebe für sich erfand und in Anspruch nahm: als solche unhinterfragbar zu sein.

Vor diesem Hintergrund enthüllt das Schweigen der beiden Figuren am Caféhaustisch zumindest das, was es nicht ist. Es ist kein gesprächiges Schweigen, weil der Code des stillen Immer-schon-vorab-Verstehens zerbrochen. Es ist aber auch kein Schweigen, das sich als Vorstufe für ein mögliches Meta-Gespräch über die jetzt eingetretene Situation deuten ließe, – dazu verharren die beiden Figuren zu sehr in ihrem Für-sich-Sein bloßer Fassungslosigkeit. Eine Suche nach dem verlorenen Stock oder Hut namens Liebe, ist da nicht zu erwarten. Eher schon das versteckte Sinnen nach neuen Ufern, zu denen jene Schiffe aufbrechen, denen man winken kann.

Unschwer nachvollziehbar ist es, das Gedichtfinale mit der stillen Fassungslosigkeit zweier Figuren, die an ihre Cafétassen so gekettet, wie Laokoon an die Schlangen. Gleichwohl müsste, aus der Perspektive eines Luhmann, das Schlussbild spiegelverkehrt verstanden werden. Denn nicht der Verlust, die Trennung, ist das unerwartet-unwahrscheinliche Ereignis, sondern das, dass Liebe überhaupt stattfand. Systemtheoretisch gedacht ist Liebe vergleichbar einer höchst anspruchsvollen dyadischen Beziehungskonstellation, die vom jeweils anderen ein uneingeschränktes Bestätigungsverhalten für den eigenen Weltentwurf erwartet. Das verlangt nach einem Kommunikationscode, der nach außen *nicht anschlussfähig* ist. Denn für die Außenwelt ist nie und nimmer zumutbar, was für die Binnenbeziehung der Liebenden konstitutiv – dass nämlich *alle Informationen dupliziert werden im Hinblick auf das, was sie in der allgemeinen, anonym konstituierten Welt, und das, was sie für Dich, für uns, für unsere Welt bedeuten.*

Ein solcher Code ist so radikal wie fragil. Der Erwartungsdruck an das von ihm eingeforderte Komplementaritäts-Bestätigungsverhalten ist so auf die Spitze getrieben, dass das erwünschte soziale Ereignis eines ist, dessen Eintreten nur mit hoher Unwahrscheinlichkeit verbunden ist. So gesehen ist die Fassungslosigkeit des Kästner-Paares über den Verlust ihrer Liebe zwar aus lebensweltlicher Perspektive nachvollziehbar, nicht aber aus einer kommunikationstheoretischen. Denn es ist eigentlich viel mehr das achtjährige Gelingen einer unwahrscheinlichen Wahrscheinlichkeit, das Staunen macht, als umgekehrt die Wahrscheinlichkeit, dass ein solches Ereignis Opfer der eigenen Unwahrscheinlichkeit wird. Doch dürften solche Überlegungen dem traurigen Paar am Caféhaustisch zu kompliziert sein. Deshalb wohl hat sie ihnen Kästner auch erspart.

malen

Malen ist meine Art zu denken. So lässt es Lion Feuchtwanger eine seiner Romanfiguren sagen. Keine belanglose Aussage, im Gegenteil. Sie deutet an, dass Malen in diesem Fall alles andere als ein nebengeordnetes, beiherspielendes Tun gilt, sondern als eines, in dem Welt beobachtet, seziert, neu gedacht und konstruiert wird. Malen expandiert zum Schöpfungsakt, bannt die innere Denkwelt so auf die Leinwand äußerer Sichtbarkeit, dass die gängige Auffassung von Welt sich an dieser zu messen hat und nicht umgekehrt.

Freilich wird eine solche Art von Malen nur einem großen Künstler möglich sein. Etwa einem vom solitären Rang eines Don Francisco de Goya, Hofmaler in spanischen Diensten. Von ihm handelt Feuchtwangers Roman.

Es ist ein farbentrunkener Text über das Spanien des Übergangs vom 18. zum 19. Jahrhundert, einer über den Königshof wie über die Majas, über die fanatische Inquisition und eine kleine Anzahl von Aufklärern. Dabei erzählt Feuchtwanger nur von einem Lebensabschnitt Goyas – zu Romanbeginn lässt er ihn schon Hofmaler und Mitte vierzig sein. Das Jahr 1802 wird mit dem Frieden von Amiens den Schlusspunkt des Romans bilden. Aber selbstverständlich ist Feuchtwanger kein Chronist historischer Ereignisse, sondern Erzähler einer ereignisreichen Geschichte. Historische Fakten sind ihm Elemente für seine Raumkulisse. Er fügt sie so zusammen, dass sie in sein künstlerisches Konzept passen und erfindet schreibend eine Goya-Figur, die wiederum malend eine neue Welt erschafft.

Wobei Malen zu einem Vorgang wird, der unendlich mehr ist als nunmehr ein hoch spezialisiertes, handwerkliches Tun. Es gerät vielmehr zu einer Art unbewussten Schaffensprozess, der die Welt in Bildern spiegelt, deren Bedeutungsschwere dem ausführenden Künstler selbst fremd bleibt. Der Maler hinkt hinter seiner eigenen Malerei her; nicht umsonst lautet der Untertitel des Goya-Buches: GOYA ODER DER ARGE WEG DER ERKENNTNIS. Der Künstler als unbewusster Gestalter von Erlebtem und Erlittenem – selbstverständlich ist das ein Thema der Literatur im Zeitalter Freuds. Stefan Zweig schlüpft in den Goethe der Marienbader Elegie, Thomas Mann in den Leverkühn der Zwölftonmusik, Hermann Broch in den Vergil der Todesphantasien. Und Feuchtwanger zelebriert einen Goya, der mit seinen Hofportraits und Caprichos einen spanischen orbis pictus erstellt, dessen maltechnische und politische Bedeutung er selbst nicht durchschaut. Deshalb ist er so verblüfft, dass seine Umgebung so verblüfft reagiert. Wie hätte Feuchtwanger seine Figur erst gestalten müssen, als die revolutionären Werke wie die DESASTRES DE LA GUERRA, DIE ERSCHIEßUNG DER AUFSTÄNDISCHEN und die Skizzenbücher der letzten Jahre entstanden – doch der geplante zweite Romanteil ist nie erschienen.

Zu Romanbeginn lässt Feuchtwanger Goya jenes Genre bedienen, das das eines Pintor del Rey ist: Porträts von Angehörigen des spanischen Hofes anzufertigen. Modell ist Donna Lucia, Ehefrau von Don Miguel, Erster Sekretär am spanischen Hof. Donna Lucia ist keine Hofdame von Geburt, sondern, aus dem Volk stammend, ursprünglich eine Maja. Ihren Aufstieg verdankt sie, wie so manche andere Figur in diesem Roman, einzig ihrer Heirat.

Das Porträt gelingt Goya scheinbar unschwer. Körperhaltung und Gestik, Gesicht und Haut, Kleidung und Hintergrund sind fehlerfrei wiedergegeben. Was auf der Leinwand sich zeigt, ist eine Hofdame in Vollendung. Dennoch scheint irgendetwas zu fehlen. Eine Kleinigkeit, eine Winzigkeit vielleicht nur. Dunkel ahnt Goya, dass das, was da fehlen könnte, etwas mit jenem Maja-Erbe zu tun haben könnte, das in dieser Hofdame weiterschlummert. Ein Erbe, das durchaus komplexer Natur ist. Denn die Majas und Majos sind Nachfahren der Picaro, der Unterprivilegierten aus dem 16. Jh.; es sind Nachfahren ihres literarischen Denkmals, des Lazarillo, des Schelms und Lumpen; es sind Handwerker und Straßenverkäufer, stolz, zügellos, gefährlich, Schlapphut und Messer tragend, unversöhnliche Gegner des petit maître, des Stutzers aus der Mittelklasse; zugleich königs- und kirchentreu, deshalb Gegner der Liberalen und Intellektuellen, misstrauisch gegenüber dem Afrancesado, dem Reformer und Aufklärer, der jene Verhältnisse umgestalten will, die der Majo so liebt: die Welt der Stände und Feste, die der Stierkämpfe und die der prunkvollen Aufzüge der Granden. Könnte man dieses Erbe, das leise abgründig hinter der damenhaften Maske schlummert, zumindest aufblitzen lassen? Und wenn ja, wie kann man das maltechnisch umsetzen?

In seiner ihn ratlos machenden Selbsteinschätzung des Bildes ist Goya nicht allein. Er wird eine wenig schmeichelhafte Bestätigung durch seinen Mitarbeiter, Augustin Esteve, erfahren müssen. Feuchtwanger gestaltet mit dieser Figur das notwendige, weil ergänzende Pendant zu Goya selbst. Selbst kein großer Maler, ist er ein unerreichter Großer in der Kunst, Malerei zu verstehen. Er vermag, was Goya so nicht vermag: dessen Bilder mit untrüglichem Blick auf ihre Qualität hin einzuschätzen. Zu dem Donna Lucia Porträt sagt er nur trocken: *Es fehlt nichts, und es fehlt alles.*

Goya wird das Fehlende finden, so sehr, dass das Ergebnis die Porträtierte staunen macht. Als Donna Lucia vor der Leinwand steht, sagt sie nach längerem Schweigen: *Ich habe gar nicht gewusst, dass ich auch lasterhaft bin.* Augustin freilich sieht mehr. Er erkennt den maltechnischen Grund der Veränderung. An einer kleinen Stelle wird die Linienführung der Porträtierten zugunsten eines freien Spiels mit Licht und Farbe durchbrochen. Eine Winzigkeit. Aber doch unendlich mehr als eine solche. Denn mit dieser Maltechnik unterläuft Goya die zentrale Kategorie der geltenden zeitgenössischen Malerei, wie sie exemplarisch in Jacques Louis Davids berühmtem MARAT umgesetzt ist: die der klaren und strengen Linienführung. Nun aber weicht das gleichsam marmorhaft auf die Leinwand Gemeißelte einer Licht- und Farbenführung, die der Linie als dem wichtigsten maltechnischen Träger des Bildes nicht mehr bedarf. In Goyas Atelier, so weiß es Augustin, schlummert die Keimzelle zu einer neuen Welt – der der kommenden Moderne. Nur, dass Goya selbst darum nicht weiß und auch nichts davon wissen will.

Indes drängt sich dessen unerschöpfliches kreatives Potential auf weitere Entfaltung, erprobt sich an neuen Themen und Gestaltungsmöglichkeiten. Ein bedeutender Entwicklungsschritt in Goyas Malkunst kündigt sich an. Deshalb inszeniert Feuchtwanger eine besondere Malsituation. Er lässt seinen Goya sich tagelang allein in sein Atelier zurückziehen; er lässt ihn einen kerzenbestückten Metallzylinder auf dem Kopf tragen, damit er auch nachts arbeiten kann; er lässt ihn seine kostbarsten Kleider anlegen, so wie das Machiavelli tat, als er in seinem Exil allabendlich mit den Büchern der großen Denker in einen lesenden Dialog trat. Goya, das lässt sich unschwer erschließen, ist wie gebannt von dem, was er da tut. Es arbeitet sich etwas aus seinem Inneren heraus, worüber er nicht sprechen, das er aber in seiner Sprache, der des Malens, ausdrücken kann. Seine Rolle als Hofmaler hat er für diese Zeit abgelegt. Er malt aus eigenem Antrieb, nicht etwa um eines Auftrages willen. Was er da malt, hat nichts mit Porträts, gar höfischen, zu tun. Im Gegenteil. Die Bilder, die entstehen, zeigen ganz andere Szenen.

Einen Stierkampf etwa. Aber keinen von der Art, mit einem stolzen Torero im Mittelpunkt, sondern einen, in dem die gequälte Kreatur sich weiter zu kämpfen weigert und nur ihr eigenes Ende sucht; eine Gruppe von Irrsinnigen und Halbnackten, die zusammengepfercht in einem kellerartigen, steinernen Gewölbe haust; zwei Karfreitagsprozessionen, bevölkert mit vielen Büßern, versehen mit Spitzhüten, Teufelsfratzen, vielschwänzigen Peitschen und wilden, erschreckenden Masken; ein Autodafé mit einem in sich zusammengesackten Bündel Mensch, umgeben von den unbeteiligt wirkenden, dicken, maskenhaften Vertretern der Inquisition.

Warum dieses außergewöhnliche Sujet? Warum diese rastlose Arbeitsintensität? Warum dieses sich-Abschotten von der Außenwelt? Goya verarbeitet etwas, was er kurz zuvor erleben musste. Eine Aufforderung des Heiligen Offiziums – als Einladung kaschiert – zwingt ihn zur Teilnahme an einem Autodafé. Gründe werden natürlich nicht angegeben. Aber Goya hat zwei Rollen inne, die ihm, in der Art und Weise, wie er diese

ausfüllt, verdächtig macht. Als Maler bewegt er sich in einem vergleichs-
weise liberalen Umfeld; als Familienvater pflegt er einen unsittlichen
Lebenswandel. So gerät er ins Fadenkreuz der gefürchteten Inquisition.
Obwohl der Maler das schaurige Fest der Ketzerverurteilung von Jugend
auf kennt, obwohl er sich selbst dem Schauder dieser Dämonie nicht entziehen kann, so schreckt ihn diesmal das ab, was da in der Kirche von San
Domingo vom Großinquisitor inszeniert wird. Die Bilder, die ihm, dem
Virtuosen des Sehens, sich aufdrängen, lassen ihn in ihrer erschreckenden
Eindringlichkeit nicht los. Da sind die Ketzer, angetan mit dem Schand-
kleid, dem Sambenito; dem Spitzhut, die Coroza; dem schwarzen
Andreaskreuz, dem Ginsterstrick, den gelben Stoffschuhen, den erlosche-
nen Kerzen in ihren Händen. Da sind die Gesichter der Ketzer, die keine
mehr sind, weil erloschen; da ist der ehemalige elegante Staatsmann,
Generalgouverneur, nunmehr ein bloßes Wrack. Da sind die Särge und
schwarz verhängten Kreuze in der Mitte der Kirche; da sind die zahllosen
knienden Menschen, als der Großinquisitor die Kirche betritt; da ist –
nach langen Stunden –, die Prozession der Ketzer aus der Kirche hinaus in
die ungeheure Menge von Menschen, die vor der Kirche wie im Fieber auf
die Verurteilten warten. Die Inquisition hat die Ketzer zwar am Leben
gelassen, aber so verurteilt, dass ihr Leben für immer ruiniert ist.

All das ist die dunkle, schwarze Seite Spaniens. Zurückgekehrt in sein
Atelier wird Goya sie mit seinen Bildern einfangen; mit Bildern, die in den
Augen Augustins und einiger anderer Freunde ein neues Zeitalter der
Kunst einleiten. Goyas Sprache, die des Malens, hat ihrerseits zu einer
neuen Sprache gefunden: sie ist ein idioma universal.

Doch wiederum ist es Goya selbst, der hoffnungslos hinter seinem
eigenen Werk hinterherläuft. Er habe, so lässt es ihn Feuchtwanger sagen,
diese Bilder nur für sich zum Spaß gemacht. Das schrammt am Eigentli-
chen weit vorbei. Die Bilder sind Ergebnis einer notwendigen inneren
Verarbeitung eines geradezu traumatisch erlebten Ereignisses. Einzig im
Akt des Malens gelingt es, die innere Welt nach außen zu stülpen und sich
damit von ihr zu befreien. Freilich ist das, was der geniale Maler da an Bildern entstehen lässt, unendlich mehr als nur ein Oeuvre für's Kabinett der
Eigenbrötelei.

Die Welt seiner Bilder stiftet eine neue Welt schlechthin. Eine, die in
der Spiegelung und Verzerrung der düsteren spanischen Szenen zugleich
gegen diese rebelliert – auch wenn der Maler selbst das nicht glauben will.
Bezeichnend sein Unterfangen, die Bilder in der Akademie öffentlich aus-
zustellen; bezeichnend auch, dass ein Bild, das über die Inquisition, justament dort angelangt, wo es besser nicht angelangt wäre: beim Großinquisitor.

Die Episode macht den unsicheren Status des Künstlers Goya deutlich. Als Hofmaler ist er Auftragsempfänger; Vorgaben und Erwartungs-

haltungen unterworfen. Als freier Maler wiederum gerät er in das Blick-
feld der Zensur. Sozialgeschichtlich gesehen zeigt sich darin eine Leer-
stelle des spanischen Reichs. Die Funktion des Hofmalers ist angesichts
der europäischen Aufklärung in ihrer strengen Form eigentlich überholt.
Der freie Künstler wiederum ist noch nicht einmal als Idee bekannt. Das
hat Folgen. Malen als Akt der Auseinandersetzung mit und Gestaltung
von Welt ist im unsichtbaren Netz politischer Fesselung gefangen.

Ein Bild lässt Feuchtwanger seinen Goya malen, von dem unklar ist,
ob er es je gemalt; jedenfalls wurde es – aus gutem Grund – nie gesehen.
Es ist ein Bild, in dem sich Goyas Malkunst ungezügelt Raum verschafft
und zugleich ungezügelt ihre Triebfeder offen legt: jene, Menschen so zu
zeigen, wie sie sind, wenn sie durchschaut. Das Bild steht im Kontext
einer Affäre, die den Hofmaler jahrelang gefangen halten wird und die
ihm Segen und Fluch gleichermaßen ist. Gemeint ist jene zur Cayetana,
Herzogin von Alba, Urenkelin des gefürchteten Herzogs von Alba,
Herrscher über Flandern. Zwischen beiden waltet Hassliebe, voneinander
los kommen sie nicht. Nicht nur einmal wird Goya wegen dieser Beziehung seine Stellung als Hofmaler riskieren – am meisten in jener Szene,
als er einen Porträttermin bei der spanischen Königin mittels eines fin-
gierten Briefes, mit der Mitteilung, seine Tochter Elena sei schwer
erkrankt, absagt. Als Elena wenig später tatsächlich erkrankt und kurz
darauf stirbt, verfällt er in eine Krise, bei der er von Symptomen heimge-
sucht wird, die sein künftiges Leben bestimmen werden: Taubheit und
zeitweilige Wahnvorstellungen. In Cayetana sieht er die Mörderin seiner
Tochter, wird aber zu ihr zurückkehren. Natürlich möchte sie von ihm
porträtiert werden – sowohl als bekleidete als auch unbekleidete Maja. Er
malt sie. Treffsicher durchaus. Zu Recht berühmte Bilder. Aber diesen
schenkt Feuchtwanger keine Szene. Warum? Weil er Goya wissen lässt,
dass beide Porträts die Wahrheit über die Cayetana nicht enthüllen.

Also schickt Feuchtwanger seine Figur abermals zu einer Porträtsit-
zung vor die Staffelei. Den Weg dorthin weiß er sorgfältig zu inszenieren.
Er lässt Goya in Cayetanas Schloss zu Cadiz das Bild der unbekleideten
Göttin der Liebe, Venus, entdecken – gemalt von seinem großen Vorgän-
ger Velázques. Er lässt ihn im Theatersaal des Schlosses an einer Fan-
dango-Aufführung teilnehmen, bei der die Tänzerin, die berühmte Sera-
fina, das Spiel der Liebe zu einem unbändigen wollüstigen Rausch werden
lässt. Liebe und Wollust – fast erzwungen, dass Feuchtwanger Goya eine
Himmelfahrt als Hexensabbat malen lässt. Mit einer durch die Lüfte
schwebenden Figur in gebauschtem Gewande und gespreizten Beinen,
getragen und umgeben von drei Männerfiguren, die zu den vielen Liebha-
bern der Cayetana zählen. Auch die schwebende Figur erhält ein Gesicht
– eben das der Herzogin. Aber diesmal ist es nicht nur das Gesicht der

Lockung, Lust und Verführung. Es ist auch das des Hochmuts und der Lüge gleichermaßen.

Diese Spiegelung ihrer selbst erträgt die Cayetana nicht. Sie zerschneidet das Bild mit einem Schabmesser. Wobei der Zerstörungsakt unfreiwillig den gelungenen Schöpfungsakt des Malers bestätigt. Goya vermag Menschen zu demaskieren und das Verborgene sichtbar zu machen. Wenn es sein muss, rücksichtslos.

Diesem Bereich der Demaskierung wird sich Goya auch in der nächsten Episode nähern, diesmal allerdings mit viel größerem Risiko. Ihn ereilt ein schmeichelhafter Auftrag. Er soll die Königsfamilie malen. Kein Einzelporträt, sondern ein Gruppenbild. Eine Ehre, die bislang nur Velázquez vorbehalten blieb. Dreizehn Personen hat er zu platzieren. In die Mitte stellt er das Königspaar; zusammen mit der sechsjährigen Infantin und dem zwölfjährigen Infanten. Mehr nach außen gerückt, aber noch im Vordergrund, steht der sechzehnjährige Thronfolger und eine weitere Infantin mit ihrem Säugling auf dem Arm neben ihrem Mann, dem Erbprinzen von Parma. Im Hintergrund weitere Bourbonen, natürlich auch Bruder und Schwester des Königs. Zudem ist die künftige Gemahlin des Thronfolgers zu malen, deren Identität aber noch nicht feststeht. Goya wird ihr Gesicht abgewendet im Schatten versinken lassen. Auch sich selbst rückt er, im Hintergrund vor der Staffelei stehend, mit in die Gruppe. Das erhöht die Anzahl der dargestellten Personen auf vierzehn und umgeht die Problematik der dreizehnten Fee.

So entsteht ein großes Gemälde, das durchaus ein höfisch-repräsentatives ist. Die farbenprächtigen Gewänder der Porträtierten, deren Posen, die virtuose Lichtregie, der Hintergrund mit den beiden stattlichen Bildern im Bild spiegeln feudalistischen Glanz wider. Die Einzelgesichter freilich sind in einer anderen Sprache gemalt. Sie werden, ohne jegliche Schönfärberei, auf das nur Menschliche reduziert. Der König eher bieder, seine Schwester hässlich, die Königin eine Schönheit gewiss nicht. Gleichwohl, das zeigt ihre Haltung, auch keine Frau, die je einer Situation auswiche und vor allem eine Mutter, die in intimer Gestik mit ihren Kindern verbunden ist. Kein Vergleich also mit Velásquez Meninas, obwohl Goya sich, wie dieser, mit porträtiert. Mehr als Maler denn als Hofmaler, so will es scheinen.

Natürlich ruft das so ungewöhnliche Gemälde bei denen, die es als erste sehen, unterschiedliche Reaktionen hervor. Augustin erkennt dessen unterschwellige politische Konnotation, weil hinter dem farbenprächtigen Glanz der dargestellten Personen, deren Biederkeit unverblümt zum Vorschein kommt. Sie sind auf das Maß des bloß Menschlichen reduziert. Ein Umstand, der andere höfische Betrachter abstößt. In ihren Augen sind die Porträts nichts anderes als barbarische Karikaturen.

Zur Nagelprobe gerät die Begutachtung des Gemäldes durch die Königsfamilie selbst. Feuchtwanger taucht diese Szene in ein langes, unheilvolles Schweigen. Selbst Goya wird unsicher. Dass auf dem Gemälde der königliche Stand angekratzt wird, scheint jeder zu bemerken. Umso überraschender ist die Reaktion – vor allem die der zentralen Machtfigur, der Königin Maria Luisa. Sie sieht durchaus, was ihr Hofmaler da auf die Leinwand gezaubert hat; sieht ihr eigenes unschönes Gesicht. Aber im Gegensatz zu der Cayetana vermag sie, die Realpolitikerin, wesentlich besser mit so etwas umzugehen. Feuchtwanger jedenfalls schenkt ihr einen wunderbaren Urteilsspruch. *Das haben Sie gut gemacht, Don Francisco. Das ist ein treues, wahres Bild, geeignet, der Nachwelt zu zeigen, wie wir Bourbonen sind.* Vermutlich hat die Königin besser erkannt, was ihr Hofmaler da gemalt, als dieser selbst. Jener spürt die Zunahme seiner maltechnischen Virtuosität; diese die neue Sichtweise gegenüber der Aristokratie. Statt Repräsentation nun blanke Präsentation. Das Spanien der Monarchie, der Inquisition und der Majos hat in Goya einen Aufklärer wider Willen gefunden.

Jenes Werk, mit dem Goya sein eigenes Romanfinale bestreitet, ist eines, das mit dem Genre des höfischen Porträts nicht das Geringste gemein haben wird. Im Gegenteil. Statt Hofdamen und Majas, nun Gespenster und Nachtgesichte; statt Stierkämpfer und Heiligendarstellung, nun Esel und Hexen. Entstanden das alles wiederum in einsamer Arbeit, ohne irgendeinen Auftraggeber im Hintergrund.

Warum? Goya verfällt nicht nur in zunehmende Taubheit, sondern auch in geistige Verwirrung. Die bislang nur sporadisch auftretenden Gespensterphantasien verdichten sich, mutieren zu einem Schwarm von Alben und Oger, Lemuren und Werwölfen, Gnomen und Druden. Befreien kann er sich von dem Spuk nur, indem er die Fratzen bannt. Bannen kann er sie nur, indem er sie malt, bzw. zeichnet. Zeichnen kann er sie nur, weil das die Sprache seiner Ausdrucksmöglichkeit. Der Zeichenstift hat mithin eine neue Funktion übernommen: eine selbsttherapeutische.

Gleichwohl erschöpft sich Goyas Tun nicht nur darin. Denn seine Gespenster und seine Ungeheuer sind mehr als nur Figuren des Wahnsinns, sie weisen über sich selbst hinaus, werden zu Fratzen des Hofes und der Kirche. Die Gespenster tragen Mönchskutten, die Esel karikieren die Granden, die Hexen symbolisieren die menschlichen Laster.

Was da am Ende in über siebzig Radierungen vorliegt, ist eine Welt deformierten Menschseins. Goya nennt sein Werk schlicht Caprichos. Einfälle. Eine Art privatissimum also. Was natürlich zu kurz greift. Personen aus dem befreundeten Umkreis Goyas werden dessen eigene Einschätzung korrigieren. In größtmöglicher Weise. Sie erblicken darin eine neue Porträtkunst, eine, die das *Gesicht Spaniens* wiedergibt. Eine Figur, es ist der junge Quintana, wird das so formulieren. *Don Francisco hat die Angst sichtbar gemacht, die tiefe, heimliche, die auf dem ganzen Lande liegt. Man braucht sie nur zu zeigen, und sie verfliegt. Man braucht dem Coco, dem Schwarzen Mann nur die Kleider abzureißen, und er ist nicht mehr gefährlich.* Ein Werk also, das das Heilige Offizium auf den Plan rufen muss, vor allem, wenn man es veröffentlicht. Was Goya, der Unbedarfte, gleichwohl tut. Das unschwer Vorhersehbare tritt auch sogleich ein. Das Offizium meldet sich. Um den Hofmaler vor dem Zugriff des Großinquisitors zu retten, ist nur ein Ausweg möglich: die Platten der Radierungen der königlichen Kunstdruckerei zu übereignen, genauer – sie der Königin zum Geschenk zu machen. Anlässlich des Friedens von Amiens und einer damit verbundenen königlichen Doppelhochzeit.

In der Szene der Geschenkübergabe fügt Feuchtwanger freilich ein bedrohliches ritardando ein. Er lässt die Königin Maria Luisa zögern. Nicht, weil sie etwa an der Darstellung ihrer Granden als Esel Anstoß nähme – sogar Carlos IV vermag darüber zu schmunzeln – sondern weil sie eine der Radierungen, es ist das Blatt Nr. 55, als verzerrtes Konterfei ihrer selbst zu erkennen glaubt. Was sie sieht, ist eine ausgemergelte, hässliche Greisin, die, vor einem Spiegel sitzend, sich eine Art von Schlafhaube aufsetzt. Der Titel der Kaltnadel-Radierung kommentiert sich selbst: Hasta la muerte.

Dieses capricho wird seinem Erfinder fast zum Verhängnis. Goya erkennt, dass die Königin erkennt. Als Frau ist sie zutiefst verletzt, als Königin weiß sie sich abermals zu bezwingen, zumal der immense Erlös der schon in ganz Europa nachgefragten Radierungen ihr zufließen wird. So lässt Feuchtwanger sie am Ende sagen: *Unser Spanien kann einige Wahrheiten vertragen. Wir nehmen ihr Geschenk an.* Der unfreiwillige Revolutionär Goya ist gerettet – vor der späteren Flucht nach Frankreich hat es ihn freilich nicht bewahrt.

Freud: Seien Sie herzlich willkommen, Monsieur Rousseau. Ich hoffe, dass Ihnen, der ja manche Zeit seines Lebens nicht nur auf Stroh, sondern auch in Schlössern verbracht, meine Klause hier in der Berggasse gefallen möge. *(Er zeigt auf ein Möbel)* – Hier; das ist die Couch, die eine gewisse Berühmtheit erlangt hat. Nein – keinesfalls soll sie heute ihre Funktion als Analyse- und Therapierequisit unter Beweis stellen. Lassen Sie uns hier am Tisch Platz nehmen. Darf ich Ihnen einen Café melange anbieten?

Rousseau: Vielen Dank, Herr Dr. Freud. Aber wenn es keine Umstände macht, würde ich gerne eine Tasse Schokolade trinken.

Freud: Selbstverständlich. Das ist überhaupt kein Problem. Unsere Haushälterin wird sich bemühen, Ihren französischen Gaumen zu verwöhnen. Gestatten Sie indes, dass ich mir eine Zigarre anzünde?
Ich denke, wir werden ein schönes, harmonisches Gespräch haben, schließlich ist die Erforschung der menschlichen Seele unser gemeinsames Thema. Ich konzidiere Ihnen, dass Sie, aus heutiger Sicht betrachtet, als ein Psychoanalytiker gelten könnten.

Rousseau: Zunächst einmal danke für die Einladung, Herr Dr. Freud. Wenn Sie gleich zu Beginn des Gespräches unser beider Tätigkeit in der Seelenerkundung ansprechen, so muss ich in der Tat sagen, dass ich zu meiner Zeit ein Unternehmen begann, das ohne Beispiel war. Ich wollte den Menschen in der ganzen Naturwahrheit zeigen und dieser Mensch sollte ich sein. Dazu gehörte Mut, sehr viel Mut. Ich habe mein Innerstes entblößt, ich habe mich so gezeigt, wie ich war, verächtlich und niedrig, groß und edelmütig.

Freud: Also Bekenntnisse und Geständnisse in eigener Sache. Nur so kann man in die Bergwerke, nicht nur in jene zu Falun, sondern in die des eigenen Innern hinabsteigen, auch wenn das, was da zu Tage gefördert wird, manche Zeitgenossen schockieren mag. Aber Sie haben der Gefahr widerstanden, denen die Menschen heutzutage erliegen: sich und die anderen nur an Macht,

Erfolg und Reichtum zu messen und die Buntheit der Menschenwelt und ihres seelischen Lebens zu vergessen.

Rousseau: In der Tat. Ich habe nichts beschönigt, mich selbst auf die Anklagebank gesetzt, mich um der Wahrheit willen schonungslos ausgeliefert.

Freud: *(für sich)* Fast eine Art Schmerzensmann. Wahrscheinlich hat er daraus seine Lust geschöpft.

Rousseau: Bitte?

Freud: Nichts. Wollte sagen, wenn man so intensiv wie Sie sein Leben im Spiegel beschaut, dann tauchen doch bestimmt nicht nur Erlebnisse für die moralische Anklagebank auf, sondern auch solche, in denen Lust und Begehren eine Rolle spielen mögen. Etwa bei Begegnungen, die man, in der Jugend allemal, mit dem anderen Geschlecht hatte. Solche galanten Themen wollen doch auch besser zu unserer Tasse Schokolade passen.

Rousseau: Ja, gewiss. Da fällt mir ein Tag ein, der mir als journeé des cerises gut in Erinnerung geblieben ist. Ich war 18 Jahre alt, als ich in der Nähe von Annecy zwei ebenfalls jungen, reizvollen Mädchen begegnete, die zu Pferde waren. Ich half ihnen eine Furt zu überwinden und darauf luden sie mich zu einem Spazierritt ein. Fräulein von Graffenried und Fräulein Galley hießen die beiden.

Freud: Darf ich nach dem Fortgang der Episode fragen?

Rousseau: Wir tafelten zusammen und nach dem Mahl gingen wir in den Obstgarten, unseren Nachtisch mit Kirschen zu beschließen. Das ist die Erklärung für den als journeé des cerises genannten Tag. Ich stieg auf den Baum und warf Büschel zu den beiden Mädchen hinunter. Einmal stellte sich Fräulein Galley, mit aufgehaltener Schürze und zurückgeworfenem Kopf, so günstig hin, und ich zielte so gut, dass ich ihr ein Büschel in den Busenausschnitt warf und man kann sich das Gelächter denken.

Freud: Eine Rokokoszene galanter Art – fast zu idyllisch-schön, als dass es sich auch genauso verhalten habe. Wie ging es weiter?

Rousseau: Was, weiter?

Freud: Nun, Ihr galantes Beisammen. Die Kirschen an erotisch mar-
kanter Stelle – das klingt doch mehr nach Ouvertüre als nach
einem Finale. Oder? Haben Sie genascht?

Rousseau: Ja, die Kirschen vom Baum schmeckten sehr süß.

Freud *(für sich leise kopfschüttelnd)*: Mon Dieu.

Rousseau: Nun, zugegeben. Als ich da oben im Kirschbaum saß, sagte ich
mir: Warum sind meine Lippen keine Kirschen! Wie gern
würde ich sie da hineinwerfen! Aber ich darf Ihnen versichern,
dass der Tag zwar unter Scherzen in großer Freiheit, aber
immer in größtem Anstand verging. Die größte Vertraulich-
keit, die ich mir herausnahm, bestand darin, einmal die Hand
von Fräulein Galley zu küssen.

Freud: Sic! Viel Weniges taugt selbst zum Wenigen nicht recht. Man
könnte fast sagen, Sie haben ihre beiden Gespielinnen in deren
Rolle als Frau beleidigt.

Rousseau: Ja, schon verstanden. Sie nennen meine Bescheidenheit gewiss
Dummheit. Aber ich wusste eben nicht, was ich bei diesen beiden reizenden Mädchen suchte und was hätten sie überdies
auch zu Zweien mit mir machen sollen?

Freud: Die beiden Damen hätten es Ihnen gewiss gerne gezeigt.

Rousseau: Sie werden mir nicht einreden können, dass ich mich in dieser
Situation falsch verhalten habe. Die wunderbare Erinnerung an
diesen Tag lasse ich mir von Ihnen nicht vergällen. Merken Sie
bitte auf, Herr Freud: Das Glücksgefühl bei der Zurückhaltung
des Verlangens nach Befriedigung der banalen Lust, ist größer
als bei der Sättigung der bloßen Gier.

Freud: Monsieur Rousseau! Das Glücksgefühl bei der Befriedigung
einer wilden, vom Ich ungebändigten Triebregung, ist unver-
gleichbar intensiver als das bei der Sättigung eines gezähmten
Triebs.

Rousseau: Ich widerspreche auf das Entschiedenste. Gerade die Reinheit
unseres galanten Spiels unterm Kirschbaum, machte den Zau-

ber der verbrachten Stunden aus, die uns erschienen wie Jahrhunderte vertrauter Freundschaft. Die zärtliche Verbindung, die zwischen uns Dreien herrschte, wog lebhaftere Freuden auf und hätten bei solchen nicht Bestand haben können.

Freud: Interessant, Ihr Über-Ich hat Sie voll und ganz im Griff, das Es ist vollständig gezähmt.

Rousseau: Wie bitte?

Freud: Ach, nichts von Bedeutung.

Rousseau: Herr Freud! Hier ein Merksatz für Sie und Ihre so genannte Psychoanalyse: Die Sittenunschuld hat ihre Lust, die die andere wohl aufwiegt, weil sie nie aufhört und beständig empfunden wird.

Freud: Sittenunschuld als Lust! Was Sie nicht sagen. Wissen Sie, was das für mich als Psychoanalytiker heißt? Sitte als Domestizierungsapparat der Triebe und der Fromme feiert sein Eunuchendasein als Triumph. Bah!

Rousseau: Unverschämtheit! Ich merke deutlich, dass Sie, Herr Freud, mein Galantes schon deshalb verachten, weil es nur in einem Handkuss endete. Aber ich sage Ihnen: Ich habe vielleicht mehr Freuden bei meinen unschuldigen Liebschaften empfunden, als Sie bei den Ihrigen, bei denen Sie offenbar immer nur auf das eine Ziel losgingen.

Freud: Eine völlig unsinnige Unterstellung. Und reden Sie bitte nicht so laut – Marthe muss das ja nicht unbedingt hören. Außerdem überschätzen Sie mich auf diesem Gebiet; ich nehme es als Schmeichelei auf. Vergessen Sie in Ihrer Hitzewallung nicht, von der köstlichen Schokolade zu trinken. Ein sittenunschuldiger, harmloser Lustbarkeitsgewinn!

Rousseau: Zum Glück hat Ihre Haushälterin oder Ihre Frau die Schokolade zubereitet und nicht Sie.

Freud: Wohl getroffen. Für die Schokoladenseiten des Lebens bin ich von Berufsweg nicht zuständig. Leider – möchte ich hinzufügen.

Eine Frage hätte ich noch – erscheint Sie Ihnen zu intim, brauchen Sie natürlich keine Antwort zu geben. Haben Sie bei so viel Nähe zu den beiden jungen Damen eigentlich keine körperliche Erregung verspürt?

Rousseau: Ja selbstverständlich! Wofür halten Sie mich eigentlich? Für einen Eunuchen? Als die beiden Damen, kaum hatte ich ihre Bekanntschaft gemacht, zu mir sagten, ich müsse mit ihnen kommen, ich sei ihr Gefangener, da sprang ich wie der Blitz auf das Pferd des Fräuleins von Graffenried. Ich zitterte vor Freude, und als ich sie umfassen musste, um mich zu halten, klopfte mir das Herz so stark, dass sie es bemerkte.

Freud: Sehr dezent ausgedrückt.

Rousseau: Sie sagte mir, dass ihrige Herz klopfe auch, weil sie Angst habe, zu fallen. Das war eigentlich eine Aufforderung, aber ich hatte keinen Mut. So dienten ihr während des ganzen Ritts meine Arme nur als Gürtel, der zwar sehr eng war, aber sich nicht einen Augenblick verschob.

Freud *(für sich):* So, so ... nicht verschoben. Eigenfesselung, das wird es wohl sein.

Rousseau: Ich muss zugeben – manche Frau, die das jetzt hören würde, würde mich wohl ohrfeigen und sie hätte nicht einmal Unrecht.

Freud: Sic! Das klingt, als ob Sie Ihre Passivität im Nachhinein bedauern. Fraglich ist indes, ob Sie damals überhaupt hätten anders handeln können, als so, wie Sie es getan haben. Rundheraus gesagt: Sie hatten nicht nur keinen Mut, Sie hatten Angst.

Rousseau: Ich muss Sie bitten! Wozu lassen Sie sich durch Ihre Vermutungen und Unterstellungen hinreißen? Wäre Angst die Grundbefindlichkeit meines Lebens gewesen, wäre aus dem halbwaisen kleinen Genfer Uhrmachersohn nicht der geworden, der ich wurde: Rousseau nämlich!

Freud: Die Angst, die ich meine, hatten auch andere Geistesfürsten. Goethe zum Beispiel. Aber das nur als Anmerkung. Ich insistiere, aus human-menschlichen Gründen – auch wenn es Ihnen unmenschlich erscheinen mag – noch einmal auf diesen Punkt.

Können Sie sich an eine Episode erinnern, in der Sie Angst verspürten? Dazu brauchen Sie sich nicht auf die Couch zu legen. Vielleicht kann der Geschmack der Schokolade Sie an ein früheres Erlebnis erinnern – in ähnlichen Fällen ist dies mit dem Geschmack eines Teegebäcks aus Ihrer Heimat, Madeleine genannt, geglückt.

Rousseau *(denkt nach):* Ja – ich erinnere mich. Ich glaube es war nach meinem Aufenthalt im Haus der Frau von Vercellis – als ich einmal, ich war ein junger, unerfahrener Mann, von Leuten verfolgt wurde, die mich für etwas zur Rechenschaft ziehen wollten, was in ihren Augen ein Vergehen war. Ich hatte mich, wie ich es damals oft tat, vor ihren Augen entblößt.
Ja – schauen Sie nicht so streng durch Ihre Augengläser. Was ich tat, war nichts Unzüchtiges. Es war nur lächerlich. Ich empfand eben Vergnügen dabei, mich den Frauen in dem Zustand zeigen zu dürfen, in dem ich bei Ihnen hätte sein mögen.

Freud: Sie täuschen sich, wenn Sie annehmen, ich würde hier den Sittenrichter spielen. Solche Varianten von Triebäußerungen sind mir in meiner langjährigen Praxis viel zu vertraut geworden, als dass ich da – wie beliebten Sie sich auszudrücken? – streng durch meine Brille blicken würde. Mich hätte, im Anschluss an das, was Sie bisher über sich berichteten, vielmehr gewundert, wenn Sie nicht einen derartigen Ausweg aus Ihrer Not gesucht hätten.
Etwas anderes interessiert mich mehr: wohin flohen Sie und was war es, das Ihnen Angst machte?

Rousseau: Die Sache nahm ihren Ausgang in einem Hof, wo ein Brunnen war, von dem die Mädchen des Hauses Wasser holten. Dort war auch eine kleine Senkung, die durch verschiedene Verbindungen zu Kellern führte. Ich hatte schon zuvor diese unterirdischen Gänge untersucht und da ich sie lang und düster fand, glaubte ich, sie hätten kein Ende und ich könne hier eine schöne Zuflucht finden.

Freud: *(für sich):* Interessant. Ein unterirdisches Labyrinth.

Rousseau: Als ich in meiner offenherzigen Positur von den Mädchen entdeckt wurde, schlugen sie Lärm und ich rettete mich in meinen Zufluchtsort, wurde aber verfolgt. Ich vernahm die Stimme eines Mannes und bekam Angst. Ich wich immer weiter in die unterirdischen Gänge zurück, auf die Gefahr hin, mich in ihnen zu verlieren. Ich zitterte und ging noch tiefer hinein. Eine Mauer hielt mich auf und da ich nicht weitergehen konnte, musste ich hier mein Schicksal abwarten. Licht erschien und im Nu wurde ich von einem großen Mann mit mächtigem Schnurrbart, großem Hut und großem Säbel gepackt und ergriffen; ihn begleiteten vier bis fünf alte Weiber, deren jede mit einem Besenstiel bewaffnet war.

Freud: (für sich) ... sich verlieren ... nicht mehr weiter können ... eingemauert ... zittern ... (laut) Ja, so habe ich es mir fast gedacht. Wie endete die Episode?

Rousseau: Glimpflich. Ich fasste mich und erfand gegenüber dem großen Mann eine romanhafte Geschichte, nach der ich von hoher Geburt sei und aus bestimmten Gründen hier nicht entdeckt werden dürfe. Gegen alles Erwarten hatte ich damit Erfolg und der schreckliche Mann ließ mich, nach einem kurzen Verweise, gehen.
Nun wissen Sie um diese Episode, Herr Freud. In dieser Situation hatte ich Angst, nicht aber in jener mit Fräulein von Graffenried auf dem Pferde.

Freud: Dennoch hängen beide Szenen eng miteinander zusammen. Aber dazu gleich. Zunächst: Ist Ihnen eigentlich bewusst, was Sie gerade so ausführlich beschrieben haben? Mit dem dunklen Keller-Labyrinth, in dem Sie sich verlieren, nicht mehr weiter – und nicht herauskommen?

Rousseau: Seltsame Fragerei. Beschrieben habe ich, was Sache war. Was hätte ich denn, Ihrer Meinung nach, beschrieben?

Freud: Ihren eigenen Körper.

Rousseau (erstaunt und wütend): Sie haben ja eine blühende Phantasie, Dr. Freud. Vielleicht sollten Sie einmal zu einem Psychoanalytiker gehen. Oder soll ich noch deutlicher werden? Fahren Sie zur Hölle.

Freud: Den Weg dorthin wüsst' allenfalls zu finden. Die Hölle ist mir längst vertraut. Was glauben Sie, was sich gegenwärtig hier in Wien abspielt?

Rousseau: Ich war wohl soeben etwas zu heftig. Pardon. Was die Hölle hier betrifft, so habe ich in der Tat eine Vielzahl brauner Uniformen und Stiefel im Gleichschritt marschieren sehen. Grauenhaft.

Freud: Die Menschheit scheint gewillt, sich selbst abzuschaffen. Das ist die Folge, wenn das aggressive Triebpotential nicht mehr durch die Klammer der Kultur gebändigt wird. Aber lassen wir den braunen Unstern draußen vor der Tür. Ich kehre zu Ihrer Keller-Episode zurück. Auch auf die Gefahr hin, dass Sie wiederum wenig erfreut sein werden, äußere ich eine Vermutung, die sich mir beim Anhören Ihrer Geschichte aufdrängte: jene, dass es sich um ein Traummaterial handelt.

Rousseau: Wollen Sie unbedingt Streit?

Freud: In keinster Weise. Aber schauen Sie selbst, was Sie da an einschlägigen Elementen, schön gegliedert zudem, geliefert haben. Den Ort Ihrer Wünsche und Hoffnungen mit dem wasserspeienden Brunnen, an dem die Mädchen sich treffen; den Ort Ihrer Triebe und des Naturhaften im Dunkel der Labyrinth-Gänge; sodann die an jeden Ort Sie verfolgende Strafe in Gestalt des zum Vater-Richter sich aufschwingenden Zinnsoldaten mit Hut, Säbel und Schnurrbart und – nicht unwichtig das – die Verwandlung der, wie sagt man bei Ihnen?, jeunes filles in alte, auch noch verräterisch mit einem Besenstiel bewaffnete Weiber.

Auch die Art und Weise, wie Sie aus der Sache – sprich: aus dem Gefängnis Ihres Körpers herauskommen, ist beredt: nicht als Jean-Jacques, sondern als eine Art Prinz. Sie leugnen und suchen in einer erfundenen Identität neue Zuflucht.

So. Mit diesen Elementen hat man alles beieinander, was ich einmal versuchsweise mit Über-Ich, Ich und Es bezeichnete.

Rousseau: Das ist doch blühender Unsinn.

Freud: Erklärt aber manches. Zum Beispiel, weshalb Ihr Körper selbst gelegentlich Ihres Spazierrittes mit Fräulein Graffenried nicht aufblühen durfte.

Rousseau (*aufgebracht*): Die Grenze der Beleidigung ist überschritten. Doch selbst wenn ich mich mit mühsamer Beherrschung auf Ihre völlig zerzauste Auslegung meiner Beschreibungen einlasse, könnte ich umgekehrt die Frage stellen, wie denn Ihrer Meinung nach die Szene, von der Sie in ehrverletzender Weise sagen, sie gleiche einem Traum, hätte enden müssen, damit sich sagen ließe, mein Körper sei aufgeblüht?

Freud: Eigentlich eine Frage an die falsche Adresse. Ich bin Traumanalytiker und kein Traumerfinder. Anna, meine Tochter, könnte das viel besser. Aber ich will, obwohl etwas stümperhaft auf dem Gebiet, es dennoch kurz versuchen. Hätte Ihr Traum Ihnen einen Ausweg aus Ihrer Not gezeigt, dann wären Sie da unten im Labyrinth nicht auf eine Mauer, sondern vielleicht auf eine geheime Tür gestoßen. Auf ein dreimaliges Pochen hätte sie sich geöffnet, Sie, der junge Mann Jean Jacques, hätte eine Unke erblickt, diese sanft in die Hand genommen und dann wäre, statt Ihres schrecklichen Mannes und der alten Weiber, eine wunderschöne Prinzessin vor Ihnen gestanden – von mir aus Ihre Prinzessin Grille. Die dunkle Kellergruft wäre so zusammengefallen wie die Halle des Zwergenkönigs im Schneeweißchen und Rosenrot-Märchen und Sie hätten sich mit der Prinzessin in den weißen Betten der Frau Holle wieder gefunden.

Rousseau: Das ist der dümmste Kitsch, den ich je vernommen.

Freud: Lebensträume sind meistens kitschig. Immerhin hätte ein solcher Traum Ihnen Mut gemacht; der Ihrige hat nur Angst geschürt. Ihre Psyche scheint mir so gefesselt, wie sie auf dem Pferd von Fräulein Graffenried. Was mich zu der Frage bringt, wie Sie die beiden Damen kennen lernten? Oder sind Sie nicht mehr bereit, zu antworten?

Rousseau: Ich bin außerstande zu sagen, was mich veranlasst, Ihnen weitere Einzelheiten aus meinem Leben preiszugeben. Es landet doch gleich wieder im Rachen Ihrer Deutungsdiktatur. Offen gestanden: Sie nerven. Sie insistieren fortlaufend und scheinen mir wie ein Dämon, der einen zu etwas zwingt, was man nicht will. So wie es mir nun ergeht.
Soweit ich mich erinnere, schritt ich im Schatten eines Tals längs eines Bachs dahin. Ich vernahm hinter mir Pferdegetrappel und Stimmen von Mädchen – natürlich handelte es sich um

die schon erwähnten Fräulein Graffenried und Fräulein Galley. Sie baten um meinen Beistand, die Pferde durch das Wasser zu bringen, was ihnen allein nicht gelingen wollte. Ich wollte die Pferde mit der Peitsche antreiben, aber sie fürchteten für sich das Ausschlagen der Pferde und für sich, aus dem Sattel geworfen zu werden. Ich nahm meine Zuflucht zu einem anderen Mittel. Ich griff das Pferd Fräulein Galleys am Zügel und ging, die Füße halb im Wasser, durch den Bach, es mir nachziehend, worauf das andere Pferd ohne Schwierigkeit folgte. So haben wir uns kennengelernt.

Freud: Mmh.

Rousseau: Wie meinen?

Freud: Schön haben's das erzählt. Fällt Ihnen etwas auf?

Rousseau: Was soll mir denn jetzt schon wieder auffallen?

Freud: Nun, genau die Art, wie Sie erzählen, welche Bilder Sie entworfen haben.

Rousseau: Gestatten, Verehrtester, ich lasse mich nicht schulmeistern. Sollte Ihnen meine literarische Schreibweise nicht zusagen, dann lesen Sie eben zweitklassige Schriftsteller, wie Crébillon, oder lesen Sie Ihre eigenen Werke. Ich schildere die Begegnungsszene genauso, wie sie war. So und nicht anders.

Freud: Das glaube ich Ihnen auf's Wort. Gleichwohl enthält Ihre Beschreibung einen Subtext.

Rousseau: Literaturkritiker waren mir immer zuwider.

Freud: Da sind wir uns ja einig. Dennoch enthält Ihre Schilderung eine zweite Ebene, die Sie freilich nicht bemerken, da Sie diese nicht bemerken dürfen. Das würde sonst Ihren sittlichen Überbau und Ihre moralischen Verbotstafeln ins Wanken bringen.
Aber, wenn ich Ihnen diese andere Ebene aufzeigen würde, fordern Sie mich gewiss zum Pistolenduell.

Rousseau: Zum Degenduell.

Freud: Vorsicht. Denken Sie an Ihre vielen Krankheiten. Außerdem sollten Hysteriker nicht zu Waffen greifen.

Rousseau: Unverschämtheit.

Freud: Mitnichten. Die Hysterie haben Sie selbst bei sich erkannt. Eigentlich hätten Sie gut zu meiner Wiener Damenklientel gepasst.

Rousseau: Schon wieder eine Beleidigung?

Freud: Im Gegenteil. Meine Patientinnen entstammen alle gehobenen bis allerhöchsten Kreisen und haben zumeist Probleme auf dem Gebiet, auf dem Sie sich wie ein Unkundiger bewegen. Sie wollen nicht einmal bemerken, was bei Ihrer Bachüberquerung geschieht, bzw. viel wichtiger, was nicht geschieht.

Rousseau: Es ist auch nichts geschehen, zumindest nicht das, was Sie laufend im Kopf haben. Vielleicht war ich ein Tölpel, aber kein Lüstling.

Freud: Was man – mit Verlaub – unschwer dem entnehmen kann, was Sie gerade erzählt haben. Darf ich Ihnen einfach die Bausteine Ihrer kleinen Schilderung aufzählen? Zwei junge Damen, ein junger Mann, zwei Pferde, Reitpeitsche, Wasser, bzw. einen Bach, den es zu überqueren gilt.

Rousseau: Ja, und?

Freud *(mit leisem Kopfschütteln):* Bei einem so belesenen Mann wie Sie einer sind, hätte ich so viel Begriffsstutzigkeit nicht erwartet. Für was stehen denn Pferde und Wasser in der Literatur? Für Trieb, Leidenschaft, Kraft und sprudelndes Leben schlechthin. Würden Sie mir bis hierhin folgen?

Rousseau: Reiten Sie Ihren Pegasus weiter.

Freud: Sie benennen zwei Möglichkeiten, die Furt zu überqueren – darf ich sagen, es handelt sich um zwei Möglichkeiten, die Furt ihres Lebensstromes hin zum Ufer des Eros zu überqueren?

Rousseau: Bin direkt gespannt, was Sie noch weiterhin alles in meinen kleinen Bericht hinein geheimnissen.

Freud: Die eine Art der Überquerung wäre jene, mit der Peitsche die Pferde anzutreiben. In dieser Variante hätten Sie dem Lebenstrieb die Sporen gegeben, die Kraft der Pferde und Ihres Eros verdoppelt, wären Risiken eingegangen – man kann schon mal aus dem Sattel geworfen werden, die Pferde könnten ausschlagen. Aber man ist, wozu Sie sich nicht getrauten – Reiter.

Rousseau: Soll das eine doppeldeutige Anspielung sein?

Freud: Entscheiden Sie selbst. Bei der Bachüberquerung haben Sie sich jedenfalls für die zweite Variante entschieden. Ihre Sittenunschuld nimmt die Zügel in die Hand und macht aus einem wild-feurigen Pferdesprung ein ziemlich lahmes Trotten. Da schlurft Don Quichotte, seine Rosinante hinter sich herziehend, die Füße halb im Wasser, durch die Gegend. Kein sehr erotisches Bild, oder?

Rousseau: Aber es war so, wie es war.

Freud: Eben. Sie haben eben einen Ausweg gesucht. Genauer: Wie haben Sie selbst formuliert? Sie suchten Zuflucht zu einem anderen Mittel. Statt gewagten Sprung, gemächliches Trotten; statt Peitsche, handzahme Zügel. Da ist zu viel platonisch weißes Pferd und viel zu wenig schwarzes. Oder noch deutlicher: Sie haben die Furt zwar überquert, doch ohne Pferd. Pure Zahmheit erstickt das Leben. Die ständige Unterdrückung Ihres Es ist, was Ihre Krankheiten hervorgerufen.

Rousseau: Ich widerspreche auf das Energischste. Natürlich habe ich auch die Freuden des Lebens genossen. Auch und gerade in meiner Jugend. Ich erwähne nur Frau von Lanarge und Frau von Warens. Letztere war für mich alles – Mutter-Ersatz, Schwester, Freundin, Lehrerin, Geliebte.

Freud: Oh, da scheint sich ein ganzer Kosmos an Komplexität aufzutun. Das wäre eigentlich ein Thema für ein weiteres Gespräch, sofern Sie daran überhaupt noch ein Interesse bekunden.

Rousseau: Lassen Sie mich für heute keine Antwort geben. Ich gebe zu, dass manche Ihrer Hinweise hilfreich sein mögen, aber im Ganzen gesehen, kann ich mich mit Ihrer Tendenz, all das, was man sagt – und vor allem das, was man nicht sagt – in einen

Deutungshorizont zu stellen, nicht anfreunden. Am Ende steht man zumeist als Psychopath da.

Freud: Was durchaus für Ihre Kunst spricht. Anders wäre es nämlich nicht möglich, die Schilderungen aus Ihrem Leben, die Sie eben kundgetan, in verschiedener Hinsicht zu verstehen. Sie vermögen eben Ihre Triebe zu sublimieren; Sie ziehen Lustgewinn aus den Quellen psychischer und intellektueller Arbeit. Etwas, was mir selbst durchaus vertraut ist. Während ich als Forscher indes mehr Befriedigung am Erkennen von Wahrheit empfinde, so Sie, der Sie doch mehr Künstler sind – haben Sie nicht eine Oper geschrieben? – mehr an der Verkörperung Ihrer Phantasiegebilde.

Rousseau: Phantasiege ... Höre ich recht?

Freud: Gut, gut, lassen wir das sein. Ersetzen wir die Phantasiegebilde durch Weltbilder, meinetwegen. Jedenfalls ist eine solche Sublimierung der Triebe, wie ich es gerade in Ihrem Fall diagnostizierte, nur die Sache sehr weniger Menschen. Sie setzt besondere Anlagen und Begabungen voraus, ist so eigentlich nur dem Genie möglich.

Rousseau: Sie verblüffen mich Dr. Freud. In Ihren Augen bin ich also Psychopath und Genie gleichermaßen. Gedenken der Herr Seelendoktor etwa das wegzutherapieren?

Freud: Überhaupt nicht. Würde ich Sie therapieren, verlören Sie Ihre Genialität.

Rousseau: Ein zweischneidiges Lob. Aber es mag gut taugen für das Ende unseres Gesprächs, oder soll ich besser sagen, unserer Disputation über das Leben und den Eros. Ich bin nun gehalten, meine Heimreise anzutreten und überdies ist meine Schokolade kalt.

Freud: Oh, Entschuldigung. Auch meine Zigarre ist ausgegangen. Werde mir sogleich eine neue anzünden. Darf ich mir erlauben, zu fragen, wohin Sie Ihre Reise führt?

Rousseau: Das zu sagen, ist mir verboten. Außerdem würde das in Ihrem Fall nichts fruchten – Gotteslästerer, der Sie sind. Sie würden mir die Worte doch gleich wieder im Mund herumdrehen. Darf ich umgekehrt fragen, was Sie demnächst unternehmen werden?

Freud: Angesichts der gegenwärtigen Umstände, versuche ich nach London ins Exil zu gehen. Eine hohe französische Adelige hilft mir bei diesem schwierigen Unterfangen.

Rousseau: Ich weiß – Marie Bonaparte. Es wird glü... oh, mon Dieu, was für Worte entfliehen mir. Sie werden Ihre Zukunft schon selbst erleben müssen.

Freud will etwas fragen, Rousseau winkt ab.

Rousseau: Ich selbst entweiche in einen Olymp, in dem Sie sich – vielleicht schon demnächst – auch ganz wohl fühlen könnten. Aus mir rätselhaften Gründen, haben Sie nämlich da oben ganz gute Karten. Sie könnten dort Geistesverwandte treffen, die Sie – trotz Ihrer immensen Belesenheit, da scheinen Sie mir ebenbürtig – kaum gelesen haben. Sie wollten einfach nicht wahr haben, dass schon andere am Nordpol waren. Das hat wohl unbewusste Verdrängungsgründe.

Freud: Gut retourniert, Monsieur Rousseau. Um welchen Geistesverwandten, den ich angeblich kaum gelesen, soll es sich da beispielsweise handeln?

Rousseau: Auch das ist mir verboten, Ihnen mitzuteilen. Immerhin, das sei angedeutet, trägt der Herr, um den es sich da handelt, einen Schnauzbart wie der große, schreckliche Mann aus dem Kellerlabyrinth, den Sie beliebten Zinnsoldat zu nennen. Zudem hat dieser Herr in Turin am Hals eines Pferdes geweint, das vom Kutscher geschlagen wurde. Ausgerechnet in Turin, wo ich, ganz einfacher Ladendiener, in einem Boudoir auf die Knie vor der von mir so heftig geliebten Frau Basile fiel. Aber dazu sage ich nun nichts, sonst deuten Sie da etwas hinzu, was aus der Luft gegriffen.

Freud: Sie haben mein vollstes Verständnis. Ich werde nicht – wie sagten Sie vorhin über meine Fragerei? – insistieren. Man sollte im Leben nicht alles an die Oberfläche des Erkennens und Anstarrens zerren, manches Mal bedarf es auch der Lebenslüge, um weiterleben zu können. Wissen Sie, wer einmal in einem seiner Briefe an seine Tochter den Satz geschrieben hat: Im reinen

Licht verbrennt alles? Theodor Fontane. Ist Ihnen der Name bekannt?

Rousseau schweigt

Freud: Für heute darf ich mich also von Ihnen verabschieden, bedanke mich für den ehrenvollen Besuch und hoffe auf eine weitere Disputation.

Rousseau: Peut-être.
(*Er geht, bleibt stehen und dreht sich noch einmal zu Freud um.*)
Wissen Sie, wer neulich zu mir da oben den Satz gesagt hat: ‚Ohne ein gewisses Quantum an Mumpitz geht es im irdischen Leben nicht‘?

Freud schweigt

Rousseau: Theodor Fontane *(lacht und geht hinaus)*.

ordnen

Am Ende der kleinen Romanszene ist die unbotmäßige Stockung des Großstadtverkehrs behoben; löst die Menschenansammlung sich auf; ist der, die Unordnung hervorgerufene Vorfall so sehr einem rational daherkommenden Erklärungsmuster unterzogen, dass er schlechterdings als *gesetzliches und ordnungsmäßiges Ereignis* angesehen wird. Um was es sich bei dem Vorfall handelt, ist ein Verkehrsunfall; wo dieser beschrieben wird, ist in einem Roman, der im Wien des Jahres 1913 spielt. Mithin in Robert Musils DER MANN OHNE EIGENSCHAFTEN.

Dass dieser Text bereits in seiner Eröffnungssequenz eine Unglücksszene enthält, ist so zufällig nicht. Zum einen steuert die Habsburgermonarchie ohnehin auf einen größtmöglichen Unglücksfall zu und zum anderen lässt an einer solchen Szene sich durchspielen, was zu einem Leitmotiv von Musils Roman werden wird: die ironische Brechung eines Ordnungsmusters, das als gesellschaftliches Bindemittel für die Donaumonarchie längst hohl und inhaltsleer geworden ist.

So lässt Musil denn also, mitten in der *kochenden Blase* der Großstadt, einen Unfall sich ereignen – Brecht hätte einen solchen erst gar nicht erfinden brauchen, hat er doch höchstpersönlich sein Steyr Cabriolet zerlegt und sich selbst ziemlich heftig ramponiert. Nun gerät bei Musil nicht der Unfallhergang in den Focus der Beschreibung, sondern dessen Auswirkungen. Er erzeugt, fast schon mit naturgesetzlicher Wahrscheinlichkeit, eine zusammen gewürfelte Menschenmenge, die einzig danach drängt, der Schaulust zu frönen. Man scharrt sich um die Unfallstelle wie die *Bienen um ein Flugloch* und sieht einen schweren Lastwagen mit einem Rad auf der Bordsteinschwelle wie *gestrandet* dastehen, so wie den Wagenlenker, *grau wie Packpapier*, mit großen Gebärden den Unfallhergang aus seiner Sicht erklärend und das Unfallopfer – einen Mann, wie tot auf dem Gehsteig liegend.

Die Stagnation im Großstadtbetrieb wird indes bald behoben sein. Dank einer ordnungswiederherstellenden Logistik in Form schrillender Pfeife, eines rasch eintreffenden Rettungswagens und uniformierter Männer, die den Körper des Verunglückten zur medizinischen Versorgung abtransportieren. Der Unfall mutiert gewissermaßen zum exemplarischen Fall einer durchorganisierten und ordnungsgemäß ablaufenden Rettungsaktion.

Nun erschöpft sich die Unfallszene nicht im puren Faktum ihres Das und im Wie ihrer Beendigung. Sie muss es sich gefallen lassen, von zwei Romanfiguren eingeordnet und kommentiert zu werden, die Musil – dramaturgisch vertrackt – unter Vorbehalt einführt. Es würde sich um zwei

Hauptfiguren des Romans, nämlich Dr. Arnheim, Industriemagnat, und Frau Tuzzi, späterhin Diotima genannt, handeln, wenn sie zu jenem Zeitpunkt in Wien gewesen wären, als der Unfall sich ereignete. Da aber dies nicht stimmte, stehe man vor einem *Rätsel, wer sie seien*. Musil spielt von Anfang an sein enigmatisches Spiel mit scheinbaren Sicherheiten – selbst die Ordnung der Figurenwelt weist Löcher auf. Nicht umsonst platziert er seine, zwischen dem Indikativ des Nicht-Anwesendsein-Könnens und dem Konjunktiv des Anwesendsein-Möglichen changierenden beiden Protagonisten später in ein changierendes Beziehungsgefüge, das gleichwohl von einem tadellosen äußeren Schein übertüncht wird. Man pocht eben auf Ordnung. Und sei es angesichts eines Verkehrsunfalls. Dieses unerwartete Ereignis, das beide zu zufälligen Zeugen macht, wird ihnen zum Anlass, jene Haltung einzunehmen, die sie, Vertreter einer elitären Gesellschaftsschicht, von der anonymen, gesichtslosen übrigen Menschenmenge unterscheidet: Man übt sich in Distanz zum Geschehenen, versucht es zu erklären. Etwa mittels Inanspruchnahme eines wissenschaftlich anmutenden Begründungssystems. Arnheim ist es, der das Vorgefallene zum einen mit Hilfe technischer Gesetzmäßigkeiten – *Die schweren Lastwagen haben einen zu langen Bremsweg* – und zum anderen mit Hilfe statischer Datensätze – *Nach amerikanischen Statistiken werden dort jährlich durch Autos 190.000 Personen getötet und 450.000 verletzt* – zu klassifizieren versucht. Diese Erläuterungen erzeugen bei seiner Begleiterin – in solchen Dingen völlig verständnislos – immerhin die Möglichkeit, den *grässlichen Vorfall*, der fast so etwas wie das Gefühl von Mitleid bei ihr zu erzeugen droht, so in eine Ordnung zu bringen, dass er als neutralisierter Sachverhalt, einen nichts mehr angeht. Ein Perspektivwechsel geht vonstatten – die pseudo-wissenschaftliche *epoché* hat die mögliche lebensweltliche Anteilnahme zum Erliegen gebracht. So etwas verleiht scheinbare Sicherheit. Das von Arnheim in Anschlag gebrachte rationale Ordnungsschema, eine Art alltagstauglich gemachter Wiener Positivismus, denkt seine Möglichkeiten an. Er versteht sich als potentieller Welterklärungsmechanismus, der jedweden Fall, also alles, was denn Welt ist, so identifiziert und klassifiziert, dass es, wie jener Unfall, zum unpersönlichen Ereignis gerät. Dieser Art von geordneter Weltenordnung legt Musil auf seine Weise die Fallstricke: Nicht nur, dass er im weiteren Romanverlauf die von Diotima initiierten Parallelaktionstreffen anlässlich der bevorstehenden deutsch-österreichischen Kaiserjubiläen als zwar musterhaft organisierte und geordnete, aber als inhaltsleere Pseudoveranstaltungen entlarvt, sondern, dass er auch, ironisch genug, ausgerechnet den naiv-liebenswürdigen General Stumm von Bordwehr angesichts der ihn erschlagenden Ordnung der riesigen Wiener Staatsbibliothek sagen lässt: ,*Irgendwie geht Ordnung in das Bedürfnis nach Totschlag über.*'

Tendenziell, wenn auch mit anderer Formulierungstechnik, hätte einen solchen Satz auch der Autor der STRAFKOLONIE sagen können. Interessanter Weise ist es Franz Kafka, der im September 1911 in Paris Zeuge eines Unfalls zwischen einem leichten Automobil und einem Tricykle wird, bei dem aber kein Personenschaden, sondern nur ein verkrümmtes Vorderrad die Folge ist. Kafkas Unfallbeschreibung, aufbewahrt in seinem Reisetagebuch, gleicht in formaler Hinsicht jener Musils. Passanten haben sich um den Unfallort versammelt, der Automobilbesitzer, ein gebildeter, lebhafter Mann, erklärt den Unfallhergang; Der Tricykle-Fahrer, ein Bäckergehilfe, kommt kaum zu Wort; man diskutiert die Schuldfrage; man wartet – nicht eben auf einen Krankenwagen – aber auf einen Polizisten, der den Unfall zu Protokoll nehmen soll.

Die inhaltliche Ausgestaltung der formalen Struktur ist freilich eine andere. Während bei Musil eine gestaltlose Menschenmasse sich um den Unglücksort scharrt – Thomas Mann spräche von *Kommunismus*, für die die *Majestät des Unglücks* sorgt – bleibt es bei Kafka bei einer *kleinen freundlichen Menschenmenge*. Während bei Musil der Lastwagenfahrer zum papiergrauen Anonymus schrumpft, gedeiht der Automobilist bei Kafka zum bramabasierenden Schauspieler in eigener Sache. *Der Automobilbesitzer stellt mit seinen erhobenen Handflächen das heranfahrende Automobil dar...* Während bei Musil *die Pfeife des Rettungswagens schrillt*, und die *Schnelligkeit seines Eintreffens alle Wartenden mit Genugtuung erfüllt*, wird bei Kafka der Bäckerjunge, ehdem so stumm wie die *Stummen* bei Camus, auf die Suche nach einem Polizeimann geschickt, der erst nach einer halbstündigen Wartezeit eintrifft. Während bei Musil sich die Arnheims und Tuzzis mittels herbeizitierter Ordnungsschemata vom Geschehen entlasten, so wird sich bei Kafka der herbeigerufene Polizist mit seinem Versuch einer Protokollaufnahme belasten. Opera seria bei Musil, opera comique bei Kafka. Während bei Musil das Geschehene durch den Abtransport des Unfallopfers sein Ende findet, so findet es bei Kafka durch unverständliche Protokollaufnahme gar kein Ende. Während Musil die Brüchigkeit der Ordnung seziert, wird diese bei Kafka parodiert. Denn es wäre Kafka nicht der Jurist einer großen Versicherungsanstalt, wenn er nicht mit untrüglichem Blick die Fußangeln ausfindig machte, in die der Pariser Polizist sich verheddert.

Der Pol. hat sein Prot. Etwas in Unordnung gebracht und in der Anstrengung, es wieder herzustellen, hört und sieht er weilchenweise nichts anderes. Er hat nämlich den Bogen an einer Stelle zu beschreiben angefangen, wo er aus irgendwelchem Grunde hätte nicht anfangen dürfen. Nun ist es aber doch geschehen und sein Staunen darüber erneuert sich öfters. Er muss den Bogen immerfort wieder umdrehn, um den schlechten Prot.anfang zu glauben. Da er aber vor diesem schlechten Anfang bald abgelassen und auch anderswo zu schreiben angefangen hat, kann er, wenn eine Spalte zu Ende ist, ohne großes

Auseinanderfalten und Untersuchen unmöglich wissen, wo er richtigerweise fortzusetzen hat.

Dieser Akt der Protokollierung löst sich in alle Einzelheiten auf; gerät zu einem Puzzle, das sein eigenes Ganzes nicht mehr zusammen bringt. Der eigentliche Sachverhalt – das gekrümmte Vorderrad des Tricykle – widersetzt sich seiner polizeilichen Registrierung so, wie der dumme August den Befehlen des Weißclowns. Nicht der Sachverhalt löst sich auf, aber die Ordnung.

Bei Musil ist es umgekehrt. Dort ist es die scheinbar unumstößliche Ordnung technisch-statistischer Rechenkünste, die den Sachverhalt des Personenschadens zu einem gesetz- und ordnungsmäßigen Ereignis werden lässt. So sehr, dass im Grunde das Geschehene gar nicht geschehen ist.

präsentieren

Wer in der zweiten Hälfte des 19. Jahrhunderts ohne Entourage und mit bescheidenen Mitteln ständig durch Europa reist, von dem ist anzunehmen, dass er nicht eben eine Bibliothek im Handgepäck mit sich herum schleppt. Mithin ordnete man diesen Reisenden nicht ohne weiteres als jemanden ein, der mit Büchern zu tun hat. Was – in vorliegendem Fall – gleichwohl zutrifft. Wer zudem in jener Zeit als einsamer Wanderer die Schweizer Bergwelt des Oberengadin durchstreift und gerne am granitenen Felsen nahe des Dörfchens Surlej rastet, von dem ist indes kaum anzunehmen, dass er einen bunten Sonnenschirm bei sich trägt. Was unser einsamer Wanderer, seiner schlechten Augen wegen, dennoch tut. Und wer zudem bei seinem Engadiner Aufenthalt ein karg ausgestattetes, kleines Zimmer für geringes Entgeld mietet, von dem ist kaum anzunehmen, dass er auf seinen Wanderungen ein Notizbuch mit sich führt, das er eigens für diesen Zweck, mit besonders starkem, feinem weißen Papier hat anfertigen lassen.

Mithin ein seltsam anmutender Nomade: Präferenzen für Dinge an den Tag legend, die nicht ohne weiteres zu dem Hintergrund seiner Umgebung passen wollen, was wiederum zu jenem passt, um den es geht: Nietzsche.

Zunehmend gezeichnet von seiner Krankheit, zieht er ruhelos von einem Ort zum anderen; seine Basler Pension erlaubt ihm dabei nur einen bescheidenen Lebensstil. Gleichwohl erhebt er exquisite Ansprüche auf jenem Gebiet, das das seine: jenem der Ausstattung seiner Bücher und jenem der Anschaffung von Materialien des Schreibens. In diesen Dingen befleißigt sich der Philosoph Nietzsche keineswegs der Sokratischen Verachtung des Luxus, sondern präferiert die luxuriöse Ausstattung mit Schreibpapier, Tinte und Feder. Denn nur derart gediegene Hilfsmittel dürfen in den Augen Nietzsches allein das Recht haben, die Vornehmheit des flüchtigen Gedankens in die feste Materie der Schrift zu gießen. Der Bleistiftstummel wäre eine Beleidigung für Zarathustra; das Packpapier eine für das Silser Mitternachtsgedicht.

Aufschlussreich, dass Nietzsche, wie andere Autoren auch, sich intensiv mit Ausstattung und Druck seiner Bücher beschäftigt. Freilich nicht eben auf diplomatische Weise. Seine, oftmals in verletzendem Ton abgefassten Briefe an seine Verleger, Naumann und Fritzsche vor allem, geben Auskunft, wie er sich die Ausstattung seiner Werke dachte – auch wenn diese Art der Gestaltung nicht in angemessener Relation zu seinen eigenen finanziellen Möglichkeiten steht: *ein curios kostspieliger Luxus*, so Nietzsche selbsteinsichtig am 30.11.1888 an Fritzsche. Ob Umschlagseite

– *Diese Umschlag-Seite soll nicht den Eindruck eines Angebots und einer Aufforderung zum Kaufen machen; vielmehr den einer Mittheilung meiner- seits. Ich ersuche also um kleinere und bescheidenere Lettern* (an Naumann, 19.7.1886) – oder Titelblatt – *Was das Titelblatt betrifft: so würde es mir mehr gefallen, wenn die schwarze Randlinie ganz wegbliebe, und die Worte* JENSEITS VON GUT UND BÖSE *dadurch mehr Raum bekämen* (an Nau- mann, 19.7.1886) – ob Bogenanzahl – zum Beispiel 6 – oder Schriftgröße – *In der Tat hat man mit dieser Schrift in nuce sehr viel auf kleinem Raum* (an von Meysenbug, 4.10.1888) – ob Zeilenabstand – *Die Spatien zwischen den Zeilen exakt wie im Vorwort vom* FALL WAGNER *und der* GÖTZEN- DÄMMERUNG (an Naumann, 6.11.1888) – oder Zeilenanzahl – *Große, fette, schöne Lettern und nicht mehr als 27 Zeilen auf der Seite* (an Nau- mann, 26.7.1888) – ob Papierqualität – *das Papier stärker und womöglich gelb (– es soll sehr delikat aussehen)* (an Naumann, 26.7.1888) – oder Zahl der Exemplare – *Meine Bitte ist, den Druck umgehend zu beginnen; Ausstat- tung, Typen, Papier, Zahl der Exemplare – Alles exakt wie bei* JENSEITS. (an Naumann 17.7.1887) –, immer steht Nietzsches Bemühen um eine entspre- chende optische Präsentation seiner Bücher unter dem Anspruch, dass sie aus dem Status eines bloß Vorhandenen in jenen eines Zuhandenen gelan- gen, in dem sie, aufgrund dessen, wie sie sich dem Leser zeigen, ästheti- scher Genuss und Verständnishilfe zugleich sind. *Der Satz wird durch die breiteren Spatien für das Auge schwer überschaubar und darin liegt vor allem die Gefahr für das Verstanden werden.* (an Naumann, 19.11.1888)

Wer es Nietzsche in dieser Hinsicht gleichtut, ja ihn an Schärfe der Auseinandersetzung mit dem Verleger übertrifft, ist Schopenhauer. Schon zu Beginn seines legendären Briefwechsels mit Brockhaus besteht er, der bislang noch unbekannte Autor, auf einer Ausstattung, die dem Wert sei- nes Werkes entspreche. *Sollte der Werth dieses Werkes irgendwie Ihnen ein- leuchtend werden; so wünsche ich, daß dieses Sie bewegen möge, ihm ein desto würdigeres Aeußeres zu verleihen: ich wünsche besonders großen Druck, großes Format, scharfe Lettern und weißes Papier.* (an Brockhaus, 11.7.1818)

Der ästhetische Impetus nach gestalthafter Schönheit und schöner Gestalt des Buches lässt sich unschwer auch bei anderen Zeitgenossen Nietzsches nachweisen.

Flaubert etwa, lässt seinen SALAMBO in einer Edition von 25 Exem- plaren in 8° auf exquisitem holländischem Büttenpapier drucken und die Goncourt-Brüder, denen er ein Exemplar widmet, lassen für dieses Exem- plar einen Einband aus bräunlichem japanischem Leder und zudem eine Hülle aus Wildseide anfertigen.

Was sich in allen genannten Beispielen ungebrochen fortsetzt, ist die klerikal-aristokratische Tradition, Renaissance- und Messbücher mit kostbaren Einbänden zu versehen. Eines von vielen Beispielen hierfür ist der Habsburgische Pfarrer und vehemente Lessing-Gegner Goeze, der seine überaus wertvollen Drucke und Handschriften in rotem Maroquin einbinden ließ, wobei es damals ohnehin üblich war, zunächst nur die gedruckten Bögen zu erwerben, um sie dann binden zu lassen.

Im 19. Jahrhundert wird dann der klerikale und aristokratische Bibliomane vom bürgerlichen abgelöst. Vielleicht ist es deshalb kein Zufall, dass die genannten Namen einen vergleichbaren Sozialtypus vertreten: Schopenhauer ist Privatier, Flaubert Rentier, die Goncourt-Brüder Flaneure und Nietzsche Pensionär. Letzterer freilich sprengt seine Rolle bis zur Unkenntlichkeit. Er quetscht zusammen, was unvereinbar: den Wahnsinn eines Lear und das Dandytum eines Brummell. Die TURINER BRIEFE aus den späten achtziger Jahren zeigen ein janusköpfiges Gesicht. Einerseits bricht Nietzsche in geradezu hoffärtig-beleidigender Weise mit Persönlichkeiten wie dem Dirigenten Bülow, Ehemann der Liszt-Tochter, Cosima; mit seinem früheren Verleger Fritzsch; mit der langjährigen Freundin Malwida von Meysenbug (die gleichwohl Größe zeigt und den Kontakt nicht abreißen lässt); und mit seiner Schwester, Elisabeth Förster (*„Ich sehe mich in die ernste Nothwendigkeit versetzt, von Dir Abschied zu nehmen. Du hast nicht den entferntesten Begriff davon, nächstverwandt mit dem Menschen und Schicksal zu sein, in dem sich die Frage von Jahrtausenden entschieden hat – ich habe, ganz wörtlich geredet – die Zukunft der Menschheit in der Hand.“* (Nov. 1888) Andererseits gefällt sich der von seiner Krankheit unstet Getriebene in der Rolle des Genießers: Er erfreut sich an schönen Dingen wie einem leichten Paletot mit blauer Seide gefüttert, an englischen Winter-Handschuhen, an Schuhen mit Schnüren, einer Goldbrille, sogar an den italienischen Grissini. Selbstredend gibt er den *distanzierten Fremden.* Offenkundig auch seine Freude über wohl gesonnene Mitteilungen aus der Welt des Adels. *Was für Briefe kommen jetzt aus aller Welt zu mir! Vorgestern ein Brief aus St. Petersburg, von einer charmanten und sehr gescheiten Russin. Madame la princesse Anna Dimitriewna Tenischeff. Man sagt mir, daß die Feinschmecker der russischen Gesellschaft meine Bücher mögen, zum Beispiel Fürst Urssow.* (an Emily Fynn, 6.12.1888) Damit nähert sich Nietzsche jener Welt, die die Goncourts repräsentieren. Bezeichnenderweise schreibt er über deren Journal, mit dem die beiden Brüder ab 1863 die Gespräche der Teilnehmer des Magny Dîners aufschreiben und veröffentlichen: *Der 2. Band des Journals der Goncourts ist erschienen: die interessanteste Novität. Er betrifft die Jahre 1862–65; in ihm sind die berühmten dîners chez Magny auf das Handgreiflichste beschrieben, jene dîners, welche zweimal monatlich die geistreichste und skeptischste Bande der Pariser Geister zusammenbrachten (Sainte Beuve, Flaubert, Gautier, Taine, Renan, les Goncourts, Schérer, Gavani, gelegentlich Turgenjew usw.) ... ich selbst gehörte gar nicht übel hinein.* (an Köselitz, 10.11.1887)

Zu diesem, sich so präsentierenden Nietzsche passt sehr gut eine Briefstelle vom 22.12.1888 an Köselitz, die so oder ähnlich auch unschwer von einem Keyserling oder Proust formuliert sein könnte: *Liebe Freunde, dies Papier habe ich entdeckt, das erste, auf dem ich schreiben kann. Insgleichen Feder, diese aber aus Deutschland: Sönneken's Rundschrift-Feder. Insgleichen Tinte, diese aber aus New York, theuer, ausgezeichnet.* (an Köselitz, 22.12.1888)

Wer da plaudernd schreibt, ist der elegante Weltbürger und nicht jener, der in Turin am Halfter eines Kutschpferdes in Tränen ausbricht. Der Lebensform der Salons und der Dîners ist inhärent, was der pragmatisch-nutzenorientierten Alltagswelt ausgetrieben: der Blick für das spielerisch Ästhetische, für die Miniatur der Dinge, für ihren Gebrauch, der sich nicht in deren funktioneller Zweckbestimmung erschöpft. Schreiben ist eben mehr als nur eine motorische Technik zum Aneinanderreihen von Buchstaben – es bedarf offenbar auch des schönen Papiers, das die Schreibfeder, die eben auch nicht irgendeine ist, zum Schwingen verlockt. Das Papier, das Nietzsche entdeckt, ist gewiss ein exquisites, vielleicht, so wäre zu vermuten, eines aus der Rubrik des von James Whatman Mitte des 18. Jahrhunderts entwickelten Velinpapier, das aufgrund einer neuartigen Schöpftechnik mit einem engmaschigen Drahtgewebe keinerlei Rippung, sondern eine vollständig glatte Fläche aufweist. Dieses Papier war für sich schon ein sozialer Bedeutungsträger, weil es die Vornehmheit derer anzeigte, die es für ihre private Korrespondenz benutzten – selbst ein Friedrich Schiller wusste seinen Verleger Crusius auf die Vorzüge dieses Papiers hinzuweisen.

Bloßer Zufall ist zudem nicht, dass Nietzsche – wie seine Verlegerbriefe zeigen – so sehr auf die Farbe des Papiers Wert legt. Auch jene ist, ob sie es will oder nicht – Bedeutungsträger. Das lange Zeit in Europa einzig verfügbare farbige Papier – das blaue – war auch das bevorzugte Prousts. Weit verbreitet und begehrt freilich war das weiße Papier: nicht nur bei Schopenhauer, sondern auch bei Lichtenberg und bei Jean Paul, dessen Siebenkäs die AUSWAHL AUS DES TEUFELS PAPIEREN auf weißes Manuskriptpapier zu schreiben gedenkt. Frappant genug, dass Melville, einige Jahre später, dem Weiß des weißen Wals Moby Dick eine geradezu teuflische Komponente abzwingt. Spätestens ab diesem Zeitpunkt ist das weiße Papier schwerlich eine neutrale Fläche, obwohl es doch, unberührt wie es erscheint, zum Schreiben verlockt. Das weiße Blatt wird, wie Lothar Müller es in seinem schönen Buch WEIßE MAGIE formuliert, *zum stummen Imperativ der Produktivität*. Es lässt sich auch, Jean Paul hat dies getan, als *Exerzier- und Kampfplatz* verstehen, der dem Schreiberling in frecher Geste die Botschaft zuzuwinken scheint: Jetzt zeig's mir. In solchen Fällen, da der Schreiberling dem Gespött der Dinge ausgeliefert ist, mag das Schreibwerkzeug, die Feder, schon mitunter zu dem werden, was der um drastische Worte nie verlegene Flaubert einmal als *gottverdammt* nennt und was die Goncourts einmal als Frondienst empfinden. *Es scheint uns zeitweise heroisch, sich vor die Feder zu spannen.* (an Flaubert, 16.6.1860) Die Schreibfeder gerät auf diese Weise zum Pflug bei der Arbeit im Weinberg des Textes, vor den man sich, einem ackernden Pferde gleich, selbst spannt. Im Gegensatz dazu verrät Nietzsches briefliche Bemerkung zu Sönneken's Rundschrift-Feder mehr die Haltung eines in grandezza und ästhetischer Eleganz sich spiegelnden, weltmännisch auftretenden Herrn, auch wenn dieser gegenüber seiner Mutter Franziska in einem Brief vom 17.7.1888 den Kauf einer solchen Feder geradezu in schülerhafter Manier begründet. *Inzwischen habe ich eine so schlechte Handschrift bekommen, dass eine besondere Art der Stahlfedern versucht werden musste, die von Sönneken.* Ungeachtet dieser Beschwichtigungsversuche, wohl um Nachfragen wegen des Kaufpreises zu umgehen, zeigt sich Nietzsche mit dieser Anschaffung durchaus auf der Höhe der Zeit. Denn die erwähnte Schreibfeder wurde von Friedrich Sönneken kurz zuvor, 1875, erfunden und ermöglichte eine Schrift mit gleicher Schriftbreite, wobei jene vor allem auf die Kurrent- und später auf die Sütterlinschrift abgestimmt war.

Der Habitus auf Exklusivität zeigt sich zudem in dem leisen Stolz des Schreibers auf die verwendete Tinte, die eben nicht die Pelikan- oder Kaiser-Tinte aus dem Hause des Hannoveranischen Fabrikanten Günther Wagner war, sondern eine aus der Neuen Welt. Auch diesem Arbeitsmittel wird besondere Aufmerksamkeit geschenkt – bevorzugte Tintenfarben sind – so zeigen es Nietzsches Brieforiginale – blau und schwarz.

Die Dreifaltigkeit des anspruchsvollen Schreibens – feines Papier, präzise Feder, exzellente Tinte – ist gewahrt – und das im Zeitalter der aufkommenden Schreibmaschine. Der Schreiber weiß seine Briefe zu präsentieren und den Briefempfänger entsprechend zu ehren. Noch ein C.G. Jung entschuldigt sich am 31.1.1911 ausdrücklich bei Sigmund Freud dafür, dass er ihm ausnahmsweise einen *seelenlosen Maschinenbrief* zusendet, woraufhin dieser nicht nur nicht die Entschuldigung explizit annimmt, sondern auch späterhin in einem langen Brief an Jung eine Mitteilung macht, die auch einen Nietzsche gefreut hätte: *Ihr Briefpapier hat mir sehr imponiert.* (17.12.1911)

Selbstverständlich drängt ein exklusives Schreibmaterial auf eine handschriftliche Gestaltung, die sich ihrerseits optisch und leserlich zu präsentieren weiß – Geschmiere würde edlem Bütten schlecht anstehen. Dass dabei die Benutzung einer Kurrentschriftfeder, wie der von Sönneken, Nietzsche zu einer anderen motorischen Handhabung und damit – in Verbindung mit seiner zunehmenden *Schreibhast* – zu einer Veränderung in der *Gesamtphysiognomie* seiner Handschrift geführt habe, verdankt sich einem Hinweis seines Freundes Köselitz, alias Peter Gast. Nun sind zweifelsohne gewisse optische Differenzen zwischen den Briefen, Notizen und Visitenkarten aus der Silser Zeit der frühen achtziger Jahre im Vergleich zu manchen TURINER BRIEFEN der späten achtziger Jahre feststellbar: sowohl im Hinblick auf den Steilheitsgrad als auch den Buchstabenneigungswinkel. Aber selbst die mit Dionysos unterzeichneten *Wahnsinnszettel* weisen eine Handschrift auf, die sich kaum vom präzisen Schriftduktus des Druckmanuskripts zur GÖTZENDÄMMERUNG von 1888 unterscheiden. Die papiers inédits präsentieren sich wie Papierbögen, die zum Druck gelangen. Nietzsches Handschrift zaubert Wörter wie jeweils für sich seiende, unberührbare und unberührte Inseln auf das Papier – in dieser Hinsicht ähnelt sie ein wenig jener Kafkas. Mit dem Raum zwischen den Buchstaben, Wörtern und Zeilen weiß Nietzsche zu spielen – sogar noch im Fall seines berühmt-berüchtigten Wahnsinnszettels vom Januar 1889 an seinen früheren Kollegen aus glücklicher Baseler Zeit, Jacob Burckhardt. Zwischen der Anrede *Lieber Herr Professor* und dem Textbeginn *zuletzt wäre ich viel lieber Basler Professor als Gott,* hält Nietzsche einen zwei Zeilen-Abstand ein, damit die Tradition eines spatium honoris wahrend, die in Zeiten des Feudalismus soziale Rangunterschiede in der optischen Gestaltung von Briefanreden, gleich einer höfischen Verbeugung, deutlich machte. So hält Form sich auch dort noch durch, wo der Briefinhalt alle Formen sprengt. Selbst in der veränderten Handschrift dieser Zeilen lässt sich der einstige Silser Briefschreiber wieder erkennen: Es ist die Handschrift, die die Identität eines Nietzsche bewahrt, der als Wanderer dem Schatten seiner Krankheit nicht mehr entkommt. Denn in so manchen Grußformeln nistet die Dunkelheit dieses Schattens sich ein. Etwa in jenem Brief vom 18.8.1888 aus Turin an seinen bemitleidenswerten früheren Verleger Ernst Wilhelm Fritzsch. *...der Verleger des ZARATHUSTRA nimmt Partei gegen mich? In aufrichtiger Verachtung. Nietzsche.*

quälen?

Akt I

Gegenwärtig – aber was heißt das schon – bliebe dem hier schreibenden Autor eine der vielen kleinen Verlegenheiten des Lebens erspart, in die er vor wenigen Jahren in Spanien, als Besucher des Landes kam: unerwartet und plötzlich entscheiden zu müssen, ob er eine Gelegenheit wahrnehmen solle, die er eigentlich gar nicht wahrnehmen wollte. Die, einen Stierkampf anzuschauen. Irgendwie in die Reihe vieler Wartenden am Rande einer Arena geraten, wurde das Billet mehr aus einer Art Herdentrieb denn aufgrund bewusster Entscheidung gekauft – im Nachhinein preisgünstig, denn heutzutage wäre ein Flugticket nach Mexiko mitzubuchen.

So unerwartet alles kam, so ungewohnt war es. Auf einem sonnendurchglühten Platz sitzend, umgeben von offensichtlich fachkundigen Zuschauern, den aficionados, hineinschauend in das riesige Rund der prall gefüllten Arena, hinabschauend auf die noch leere Sandfläche, wartend auf den Beginn eines Schauspiels, dessen Regeln und Ablauf man nicht kennt, allenfalls den Ausgang – so saß der einsame Stierkampfnovize etwas verloren im weiten Rund. Umso mehr ließ er fast willenlos die ungewohnten, farbenprächtigen Bilder vorbeiziehen, die sich ihm anboten: Jene vom klangvollen Einzug der Toreros, jene vom Stier, der zunächst allein in der Arena als kraftstrotzendes Bündel auf seinen Kampf wartete; jene von den geschickt sich bewegenden Toreros, die mit großen Umhängen versehen, den Stier zum Angriff verleiteten und sich ihm entwanden. Sodann aber auch jene, bei denen Reiter, mit langen Lanzen den angreifenden Stier erheblich verletzten, so zumindest wollte es mir erscheinen. Zum ersten Mal nistete sich der Gedanke vom ungleichen, unfairen Kampf, vom unnötigen Quälen ein, der selbstverständlich auch dann nicht weichen wollte, als im nächsten Abschnitt Toreros, weit weniger martialisch als die Reiter zuvor, lange Stäbe in den Nacken des Stieres so warfen, dass diese stecken blieben. Warum dabei die gezeigten Aktionen beim Publikum je unterschiedliche Reaktionen hervorriefen, entzog sich dem Verständnis des Unkundigen.

Der Duktus des letzten Bildes war freilich auch so verständlich. Es war das des finalen Kampfes zwischen einem tief blutunterlaufenen Stier gegen einen scheinbar übermächtigen Gegner, der sich allen seinen Angriffen scheinbar so mühelos entzog, dass meine Bewunderung für die Geschicklichkeit, für den Mut des Stierkämpfers allmählich zugunsten eines immer größeren Mitgefühls, ja Mitleids mit dem scheinbar chancenlosen Tier wich. Letztlich, so wollte es meinem unkundigen Blick scheinen, ergab das sich selbst nässende Tier seinem Schicksal – sein letzter Angriff war eigentlich keiner. Nur ein, zwei tapsig wirkende Schritte nach vorne – der Degenstoss des eher bloß agierenden Toreros war wie eine Erlösung von Qual. Zwiespältiges blieb bei mir zurück: Abwechslungsreichtum, Farbenreichtum, Buntheit des Geschehens, versehen mit dem bitteren Beigeschmack einer, wie Tucholsky es gesagt hätte, Barbarei, der man zugesehen hatte.

Akt II

Manchmal bietet einem das Leben Gelegenheiten, von denen man erst später weiß, dass es welche waren. Glück, wenn man sie dereinst unwissentlich nutzte. Ein zufällig offenes Tor kann zum Beispiel das Betreten einer Bühne ermöglichen, die einem sonst für immer verschlossen. Vor allem, wenn das Tor nicht irgendeines, sondern ein ganz besonderes ist: jenes zur ältesten Stierkampfarena Spaniens, jenes in Ronda. Die Ankunft um die mittägliche Zeit war ungeplant, der Eintritt in die Arena war es ganz und gar.

Ohne Nachzudenken schreitet der, der vor einigen Tagen in einer anderen Stadt Spaniens zum Stierkampfnovizen wurde, durch das Tor, betritt den Sand, geht gemessenen Schrittes auf die Mitte des Kreisrundes zu und spürt sofort eine innerliche Verwandlung. Er weiß plötzlich, dass er hier eine ihm fremde Welt betritt. Was ihn umfängt, ist das durch keinerlei Schatten gefilterte gleißende Licht, das wie Messer auf ihn wirft; was ihn umgibt, ist die dröhnende Stille einer menschenleeren Arena, die ihn aus ihren leeren Arkaden-Augenhöhlen unbewegt anstarrt; was ihn überfällt, ist, ohne sein Zutun, die Todesmelodie aus Leones berühmtem Film; was ihn überfällt, ist der Zwang, in der Mitte des Kreises stehen bleiben zu müssen. Beklemmung, ja aufkeimende Angst wird spürbar. Alles Zeitgefühl erlischt.

Da nimmt auf schemenhafte Weise der Grund des sich-bedroht-Fühlens Konturen an. Aus dem gleißenden Sand schiebt sich lautlos der riesige Schatten des Stieres in die Höhe. Stumm, bewegungslos, reglos. Den Eindringling, der die Gestalt nicht abschütteln kann, nur anstarrend. Fast abfällig scheint der schwarze Schatten dem Dummkopf da im Sand zu sagen, was es denn eigentlich heiße, hier auf einer Bühne einem Koloss an Kraft, Stolz und Mut gegenüberzustehen. Abfällig gibt er ihm kund, dass das hier keine Spielwiese sei, sondern der Ort für ein Drama, in dem es um nichts anderes gehe, als um das Ganze, um Leben und Tod, um das Aufeinanderprallen jener Gegensätze, die einander untrennbar verbunden, weil Leben zu seiner Erneuerung seiner eigenen Sterblichkeit bedarf. Auf solche Bühne gehöre kein Niemand, dessen Kopf mit Begriffen wie Quälerei, Barbarei, unfairer Kampf, Selbstinszenierung der Toreros und dergleichen Lächerlichkeiten angefüllt.

Der Schatten verschwindet – so plötzlich wie gekommen. Das Gefühl der Beklemmung bleibt bestehen. Immer noch bewegungslos dastehend, weiß ich, dass ich einen Bühnenboden betreten habe und zwar den für mich falschen. Ohne es zu ahnen habe ich die strengen Gesetze des Welttheaters freventlich mit meinem schnöden Gang in die Mitte des Kreises unbedacht verletzt. So betritt man keine fremde Kultstätte. Der nordische Komödiant entpuppt sich unter dem Licht des Südens als elender Pfuscher.

Irgendwann bemerke ich, dass ich mich ohne mein Zutun langsamen Schrittes zurück zum Tor bewege; in einer leicht gekrümmten Linie, geeignet, dem Blick des vielleicht hinterher schauenden Stieres auszuweichen. Nach langer Zeit, so will mir scheinen, gelange ich am Torbogen an, drehe mich wiederum langsam im Schutz seines Schattens um und werfe meinen Blick zurück in die Arena.

Nein – das ist in der Tat kein Ort für zirzensische Veranstaltungen oder grobschlächtige Folklore, kein Platz für irgendwelche spätnachmittäglichen Kampfvorführungen zwischen adrett gekleideten Toreros und eigens dafür herbei geschleppten Stieren. Das ist vielmehr die Stätte für ein Spiel mit kultischem Ursprung: jenem, in dem es um nichts anderes geht als um Leben und Tod. Deshalb kann das Tier, das die Arena betritt, kein anderes sein, als der Stier. Denn er ist es, dem schon seit mythischen Zeiten sowohl eine lebenspendende als auch lebenzerstörende Kraft zugesprochen wird. Der Raub der Europa durch Zeus in Gestalt des Stieres symbolisiert die lebenspendende, der Stier des Minotaurus die zerstörerische Kraft. Eros und Thanatos vereinigt in derselben Tiergestalt. Etwas von diesem Erbe – und sei es noch so versteckt – sickert in jede spanische Arena ein, wenn sie den TOD AM NACHMITTAG zelebriert. Zu dieser Inszenierung bedarf der Stier seines alter ego – eben des Toreros, genauer gesagt, des Matadors. Denn nur mit ihm kann sich entfalten, was dramaturgisch bezweckt: ein Handlungsgeschehen, das die Geschichte des Lebens mit seinen tragischen, gefährlichen, kampfbetonten Momenten in optischer Weise zur Anschauung bringt. Dazu muss der Matador eins sein mit seinem Gegner, muss sich in ihn einfühlen können. Wäre er dessen Feind, wäre der Sinn des Geschehens für immer dahin. Deshalb ist der Stierkampf kein irgendwie austauschbares Schauspiel, das Anlass für Matadorenkünste bietet, sondern etwas ganz anderes: ein Fest für und zu Ehren des Stieres selbst. Eine fiesta de toros eben.

Fremdling in dieser Welt, richte ich meinen Blick zum letzten Mal in das weite, leere Rund der Arena. Tue nun das, was ich beim Eintritt, naiver- und unbedarfterweise unterlassen habe: Ich ziehe meinen Sommerhut, verbeuge mich und murmle eine Entschuldigung. Langsam wende ich mich um und trete aus dem Schatten des Tores hinaus auf den Vorplatz. Hitze und Stille lasten auf der alten Stadt. Nicht einmal ein Hund bellt.

Akt III

Perspektiven sind Fenster zur Welt. Sie zeigen jeweils Ausschnitte, nicht das Ganze. Eine Froschperspektive ist eine andere als eine Zuschauerperspektive – das hatte Ronda mich gelehrt. Diese Erfahrung wiederum wollte nun erneut in eine Zuschauerperspektive eingespeist werden. Eine entsprechende Gelegenheit wurde gesucht, gefunden und in Gestalt eines abermalig sonnenüberfluteten Arenaplatzes genutzt. Eines weiß der Fremde: dass er weiterhin völlig unvertraut ist mit der unendlich komplizierten Welt des Stierkampfes. Hier Einblick zu gewinnen, hieße wohl, tausende von corridas aufmerksam zu verfolgen. Immerhin, so die Hoffnung, möchte der Fremde wenigstens das nun ablaufende Drama in der Arena als ein Stück inszenierte Theateraufführung verstehen lernen. Was, in Ansätzen, gelingt. Der Blick wird etwas distanzierter, die Bilderflut gliedert sich in Konturen und Handlungssequenzen.

Das eigentliche Schauspiel beginnt mit den auf den Platz laufenden Toreros, die große, außen lilafarbene und innen gelbfarbene Stoffumhänge, die sog. capas über ihrem Arm tragen. Sie stellen sich dem Stier als Zielscheibe seines Angriffes, um dann im letzten Moment mit elegant und riskant anmutenden Manövern sich ihm, unter virtuoser Behandlung der capa, zu entziehen. Gerade dieser Eröffnungsakt vermag das zu entzünden, was Kant ästhetisches Wohlgefallen bezeichnen würde: ist er doch völlig unblutiger Natur und lässt das Tier unverletzt.

Dass der Artistik dieser Szene auch ein handfester Zweck beigeordnet ist, konnte ich später der Fachliteratur entnehmen. Dem Matador, der im Finale dem Stier allein gegenübersteht, wird Gelegenheit gegeben, seinen Stier, der ihm zugelost und dadurch unbekannt, kennen zu lernen – sei es durch Beobachtung von der Balustrade aus oder durch aktive Teilnahme an dem capa-Akt selbst.

Der 2. Akt bildet eine Art Kontrapunkt zum ersten. Lanzenbewehrte Reiter, die berühmten Picadores, treten auf. Mir, dem Fremden, schwant ein Spektakel. Was sich denn auch einstellt. Da ergeben sich opulente Bilder, die von der Kraft und der Wucht der Stiere, die die mit schweren Umhängen geschützten Pferde angreifen; da sind die martialisch aussehenden Lanzen der Reiter, die, in den Nacken des Stieres gerammt, dessen Angriff stoppen und – Stahlspitzen haben das nun einmal so an sich – Blut strömen lassen. Mag das alles ein wenig auch von Don Quichottes Rittertradition an sich haben – jeder Einstich in den Körper des großen Tieres geht an meinem eigenen Körperempfinden nicht spurlos vorbei.

Ähnlich ergeht es mir im nächsten Akt. Statt Reiter treten nun wieder Toreros zu Fuß auf, die lange, am Schaft bunt geschmückte Stäbe in der Hand halten. Diese werden dem Stier in den Nacken gesetzt und zwar möglichst so, dass sie aufgerichtet stehen bleiben und nicht an den Flanken des Tieres abfallen. Selbst das ungeübte Beobachterauge vermag dabei zwei Grundmuster dieses Banderillas-Setzen zu unterscheiden. Entweder wirft der Torero aus einer Laufposition oder aus einer ruhenden Position heraus seine Stäbe auf den Stiernacken, wobei das letztgenannte Manöver für den Torero natürlich das risikoreichere ist.

Gewiss – der Optik dieser Bilder will ich, der Fremde, mich nicht entziehen, bewundere auch die Klarheit in der Abfolge der ersten drei Akte, die vom Laufen über das Reiten zurück zum Laufen eine geschlossene Einheit darstellen. Doch es gibt eben auch Bilder von stechenden Lanzen, von den unzähligen vergeblichen Angriffen des Stieres gegen einen übermächtigen Gegner, von dem zunehmend blutunterlaufenen Körper des Stieres. Bilder, die mich veranlassen, später, fernab aller Arenen und corridas, entsprechende Kunde einzuholen. Man erfährt Vielfältiges. Vor allem, dass eine corrida nach strengen Regeln und genauen Vorschriften zu erfolgen habe und dass nur ein Matador, im Unterschied zum bloßen Torero, einzig die Lizenz dafür hat, den Stier stilgerecht, nach genauester Umsetzung der hierfür vorgeschriebenen Regeln zu töten. Deshalb haben der Matador und sein Gefolge während des gesamten Stierkampfs dafür Sorge zur tragen, dass dem Stier grundsätzlich seine Kampfkraft erhalten und er von unnötigen Verletzungen verschont bleibt. Daher die genauen Vorschriften, wie viele Lanzenstiche und Banderillas an welchen Punkten des Körpers gesetzt werden dürfen. Die Lanzenstiche dürfen allenfalls dazu beitragen, den Stier zu zwingen, seinen Kopf tiefer zu tragen, was wiederum für das Finale mit dem Degen tragenden Matador wichtig ist.

Das ist gewissermaßen die Theorie der corrida. Zu jener gesellt sich nun aber die Praxis. Die ist, wie anders auch, oftmals anders. Technische Unzulänglichkeiten der Akteure, absichtlich hervorgerufene Verletzungen des Stieres in der unverhohlenen Absicht, ihn zu schwächen, können die Idee einer corrida schon im Picadores-Akt – und eben gerade da – vollständig zugrunde richten. Die Schere beginnt sich zu öffnen. Je größer die pragmatische Abweichung vom reinen Maß, umso mehr nisten sich jene Begriffe in das dramatische Spiel der corrida, die ihr geistig-ritueller Codex daraus zu verbannen sucht: jene der Quälerei, Barbarei, der sinnlosen Dekadenz.

Als Zuschauer weiterhin auf der heißen Zuschauertribüne sitzend – immerhin gewöhnt man sich mit der Zeit auch an die Hitze – bin ich freilich fernab von solchen Gedanken; harre neben den unzähligen aficionados als Unkundiger auf jenen letzten und entscheidenden Akt des Dramas, der einfach Faena, Arbeit, genannt wird. Der Matador betritt von der Präsidentenloge aus die Arena – wie in einem gut inszenierten Finale stehen die beiden Protagonisten, Stier und Matador, einander gegenüber. Der Stier blutüberströmt, mit Lanzen und Banderillas bestückt; der Matador versehen mit scharlachroter muleta und – zunächst noch – Degenatttrappe. Von der Gesamtinszenierung her gesehen, wird mit dem letzten Akt die Brücke zum ersten geschlagen – nur, dass es am Ende dieses Aktes zu einem tödlichen Ausgang kommt. Auf diesen Höhepunkt muss der Matador die nächsten Minuten sorgfältig hinarbeiten und das kann er eben nur, wenn der Stier nicht zuvor schon halb hingerichtet wurde. Wenn es denn gestattet, von der Kunst des Stierkampfes zu reden, dann hat diese mit der Fähigkeit des Matadors zu tun, in diesem finalen Akt das Wesen dieses einzelnen Tieres, seine Kampfstärke, seinen Mut, seine Gewandtheit, ja seine Würde zur Geltung zu bringen. Deshalb muss er ihm selbst ein würdiger Gegenpart sein, der sich selbst ohne Wenn und Aber dessen tödlichem Angriff stellt. Kunst wird das Geschehen auf dem Sand der Arena nur dann, wenn es einem Tanz gleicht zwischen Mensch und Tier, wenn die scharlachrote muleta das angreifende Tier gefährlich eng um den Körper des Menschen kreisen lässt. Das sind jene Momente, die die aficionados gar mit Begriffen wie *Heilige Hochzeit*, Mysterium, Geheimnis belegen.

Immer noch wogt das Geschehen in der Arena, von Momenten des Stillstandes und jenen der Bewegung abwechslungsreich untergliedert. Doch jedem Bild folgt irgendwann ein allerletztes, wenn der Vorhang fällt. So auch hier. Die Degenattrappe weicht dem Stahl, der Stier wird aus dem schützenden Rund der barrera in die Mitte der Arena gelockt. Die gleißende Mitte der Arena als endgültiger Schauplatz der Tragödien – finales – und da war es wieder plötzlich da, mein Traumgesicht von Ronda, mich wiederum anstarrend als sei ich in der Froschperspektive, da unten in der Arena. Nein – nicht als Persiflage eines Matadors, – sondern als ein Novize, der seinen Lehrbrief um die Ohren gebraust bekommt, dass jener des Wilhelm Meister in seinem Turmzimmerchen zur blassen Handschrift verkommt: Dass dies der Augenblick sei, auf den das Leben dieses Stiers aus Salamanca ausgerichtet war, auf den hin er einzig gezüchtet wurde; dass dies der Augenblick sei, in dem er sein Leben sowohl zelebriere, kämpfend beweise. Daher es des Anderen, des Buntgeschmückten da gegenüber bedürfe, der seine wertvollsten Kleider um dieses einzigen Augenblicks, ihm, des Stieres, zu Ehren angelegt, um mit ihm um das Leben und um den Tod zu ringen – Horn oder Stahl – was da letztlich siege, sei unerheblich angesichts des immerwährend sterbenden und sich erneuernden Lebens. Plötzlich, ohne mein Zutun wandelt sich das

Traumgesicht abermals, wird zur Physiognomie Nietzsches, wandelnd am Rand des Silsersees. Spaniens Arenen hoch oben im Schweizer Engadin!

Die Bilder weichen wie sie gekommen. Noch ganz benommen, bemerke ich, dass aller Lärm in der Arena der Stille gewichen. Der Stier setzt zum letzten Angriff an, der Matador, die muleta tief gesenkt, bleibt unbeweglich stehen und stößt mit seinem Degen auf einen bestimmten Punkt im Nacken des angreifenden Tieres, das sofort in den Beinen zusammenbricht. Das Ende. Keine weiteren Degenstöße, Stiche mit dem Dolche oder sonstige Widerlichkeiten. Der Aufschrei der Menge löst den Bann. Langsam erwache ich aus meiner Betäubung. Die Spannung fällt ab. Kein Gefühl von Ekel, kein Gedanke an Quälerei, Barbarei. Eher das Gefühl, ein Drama gesehen zu haben, das der Idee des Stierfestes ganz nahe gekommen. Die Reaktion der aficionados hat den Unkundigen in seiner Vermutung bestätigt.

Theatrum mundi also. In Orts- und Jetztzeit, ohne Wenn und Aber, ohne doppelten Boden und Fallstricke. Fernab von jeglichem aus Strippen und Bühnen fallendem Regietheater. Anlass genug, für diese Art spanischen Lehrbriefs dem Matador, dessen Name mir entfallen, nachträglich zu danken. Ohne jeglichen Zwang und Quälerei.

resignieren

Autobiographische Texte sind Wagnisse ins unbekannte Selbst. Obwohl der Erkundung des privat Subjektiven gewidmet, kokettieren sie mit dem Status des öffentlich-literarischen. Von der erzählten Biographie gilt, dass sie mehr sei als nur dies, weil in ihr sich Exemplarisches, Typisches spiegele. Selbstverständlich ist solche Selbstverständlichkeit freilich nicht. Sie ist vielmehr Erbe jener säkularisierten Aufklärungsepoche, die, dem Ich frönend, Lebensbeschreibungsexperimente auf den Weg bringt. Erzählungen im Sinne von Dichtung und Wahrheit werden inszeniert, in denen das Subjekt zur allseitigen Entfaltung seiner selbst die Bühne betritt. Das Produkt dieses Entfaltungsprozesses pflegt sich Bildung zu nennen. Folgerichtig geraten klassisch erzählte Lebensgeschichten zu Bildungsgeschichten und folgerichtig erlebt der Bildungsprozess seine literarische Geburtsstunde. Vom einzelnen Ich, sei es nun fiktiver oder faktischer Natur, gilt, dass an seinem Exempel sich das Allgemeine ablesen lasse.

Mit dem Beginn der Moderne wird diese Idee brüchig. Die alles überschauende Erzählung verschwindet; Gewissheit weicht der Ungewissheit. Der Bildungsroman existiert nurmehr noch in seiner eigenen, ironischen Verkehrtheit – der ZAUBERBERG steht hierfür als Synonym. Lebensgeschichten beginnen zu zerbröseln; als lineare, kausal miteinander verzahnte Szenenabfolge lassen sie sich eh' nicht mehr erzählen. An der Identität des Subjekts wird noch festgehalten – aber sie beginnt sich zu maskieren – wie bei Gertrude Stein – steht nicht mehr für eine volle biographische Wahrheit ein – wie bei Max Frisch.

Je weiter im Diskurs der Moderne der Identitätsgedanke erodiert, umso mehr geraten Lebensgeschichten zu Fragmenten. Im unverbundenen Bruchstückhaften, im gesplitterten Einzelnen konstituiert sich kurzzeitig ein punktuelles Ich, ohne Anspruch darauf, Zielpunkt einer konsistenten Entwicklung zu sein. Dazu ist – seit Godot – die Ereignislosigkeit von Lebensgeschichten viel zu sehr ihr eigenes Ereignis. Solche Arten von Lebensgeschichten lassen sich nur noch im bühnenwirksamen pattern kalkulierter Zufälligkeiten einfangen.

In der zweiten Moderne schließlich triumphiert das Szenische. Vor diesem Hintergrund werden autobiographische Skizzen von Autoren interessant, deren jugendliches Lebensalter ihnen das Recht gibt, sich von der Idee ganzheitlichen Zusammenhangs zu dispensieren. Die Bestandsaufnahme der eigenen Lebenssituation gerät ihnen zur Dekonstruktion von etwas Vorgefundenem: das zufällig Gegenwärtige wird skelettiert, so sehr, dass die Gegenwart zum Zufall schlechthin wird. Alles, so schimmert es postmodern durch, könnte auch anders sein, ohne dass sich dadurch etwas ändere.

Fundstücke dieser Art, sogar durchaus literarisch ehrgeizige, bieten etwa Texte aus Schreibwerkstätten mit Jugendlichen. Beredtes Beispiel hierfür sind jene aus der Werkstattreihe unter Leitung des Filmemachers Dieter Bongartz. Veröffentlicht unter dem Titel GANZ ANDERS ALS GEDACHT, sind die darin enthaltenen Beiträge zu Themen wie Liebe und Gewalt, Erinnerungen und Erwartungen, Träume und Ängste eine Art implizierte Gegenwartsdiagnose. Mehr noch, manche enthalten auch eine Art Subtext zu einem Thema, das als solches explizit gar nicht vorkommt: jenes der Bildung. Die Aufschlüsselung solcher Texte gerät selbst zu einem Stück Arbeit am Bildungsbegriff. Vorgestellt sei der Text eines 15-jährigen Autors mit dem Vornamen Ferreol, der in seiner cool anmutenden Diktion durchaus exemplarischen Charakter hat. Von was der Text handelt, wird gleich zu Beginn gesagt – von der Familie.

> *Meine Familie besteht aus meiner Mum, meinem Vater und meinem Bruder. Ich lebe mit meiner Mutter in einem Haus, mein Bruder lebt bei meinem Vater. Mein Vater hat uns wegen irgend so 'ner Tussi verlassen. Mein Bruder wohnte mit seiner Freundin in Aachen, doch als mit ihr Schluss war, zog er zu meinem Vater. Seitdem lebt er da. Der Freund meiner Mum ist eigentlich ganz okay, die Freundin meines Vaters aber volle Kanne pingelig. Nichts für mich. Das war ein kleiner Einblick in meine Familie.*

Lang ist der Text ja nicht – acht Sätze, 85 Worte – eher der minimal art eines Franz Hohler verpflichtet als der Grammatik eines Joyce. (Obwohl die kleine Erzählung dank unterschiedlicher Satzlänge durchaus pulsiert). Das Geschehen selbst ist dichter als ein rasches Lesen vermuten lässt. Sieben Personen – gleichzeitig in verschiedene Beziehungsmuster zusammengewürfelt: ein (Ex?)-Ehepaar, zugleich auch Elternpaar; ein Geschwisterpaar; ein ehemaliges Liebespaar; zwei Lebensabschnittszeitbeziehungspaare. Das ist fast wie in einer Komödie von Feydeau. Dennoch ist es kein Boulevard. Statt Bühnenbild und Raumausstattung gähnt eine leere Fläche; statt Figuren aus einem Charakterfach, bloße Schablonen. Austauschbar eben. Neue Figuren-Konstellationen wären unschwer denkbar. Warum sollte nicht die gegenwärtige Freundin des Vaters mit dem Freund der Mutter, der Vater mit einer neuen Freundin oder gar wieder mit der Ex? Was sollte sich in solchem Wechselspiel schon ändern? Weil das so ist, wie es ist, verwandelt der Autor die Figuren gleichsam zu Punkten einer digitalen Netzkarte gleichzeitiger Möglichkeiten und fragmentarisiert sie folgerichtig zu einem Set partikularer Rollenfunktionen, die, obwohl traditionell gesehen unvereinbar, einander nicht ins Gehege kommen. Das Subjekt, vor kurzem noch Zentralpunkt für Identität, gerät zur bloßen Schaltstelle in einem Beziehungsgeflecht, in dem es, weil austauschbar, verschwindet.

Ohne es zu beabsichtigen, entpuppt sich der Prosatext als ein Stück Gegenwartstheater: in seiner gewollten Redundanz erinnert er an das absurde Theater der fünfziger Jahre; in seiner melancholischen Orgie der Austauschbarkeit an postmoderne Abschiedsgesänge. Die private Bestandsaufnahme des 15-jährigen Schülers deckt sich, frappant genug, mit der dramaturgischen Gegenwartsdiagnose eines Botho Strauß oder auch mit dem, was ein bekannter soziologischer Terminus *Risikogesellschaft* nennt: moderne Biographien, so ist zu lernen, sind Bastelbiographien; Lebensformen, wie die der Familie, konkurrieren mit Ensembles von sozialem Patchwork-Charakter; die individuelle Entscheidungsvielfalt eröffnet Spielmöglichkeiten mit gleichwohl hohem Risiko.

Dennoch wäre der Text aus der Schreibwerkstatt kein so literarisch gelungener, wenn er nur bei dieser Bestandsaufnahme verharrte – er wäre dann nicht einmal als mögliches Fragment für eine Bildungsreflexion lesbar. Was den Text vor allem ausmacht, ist: seine Gegensätzlichkeit, ja Widersprüchlichkeit zwischen lakonischer Beschreibung und emotionaler Betroffenheit. Einerseits zeichnet die Beschreibung das aus, was als Signum von Jugendkulturen gilt: Coolness. Andererseits wird sprachlich geradezu festgezurrt, was abhanden gekommen ist: die Lebensform der Familie. Die Identität von Anfang und Ende der Geschichte, die Häufigkeit der Possessivpronomina, das ständige Benennen von Familienrollen sowie das Wechselspiel zwischen Zu- und Abneigung, sind beredte Indikatoren für den – vergeblichen – Versuch, fiktional herzustellen, was längst Fiktion: Intimität und Geborgenheit. In diesem Rekurs auf's Private schimmert durch, was dem traditionellen Bildungsdenken unhintergehbar war: die Einsicht, dass der Prozess der Weltaneignung seiner gesicherten sozialen und räumlichen Koordinaten bedarf. Nicht umsonst setzen klassische Bildungsbiographien und -romane auf symbolhaft interpretierbare Räume: Goethe auf die winkelhafte, düstere Beschaffenheit des Hauses am Hirschgraben, Keller auf den Dachfirst des Vaterhauses, Stifter auf die Rosengärten des Freiherrn von Risach, Benjamin auf die Karyatiden der großbürgerlichen Berliner Wohnung. In solchen Räumlichkeiten vermag sich, bei allen Differenzen, ein Erfahrungshorizont aufzubauen, der Bildung zu dem werden lässt, was sie einst war: eine Lebensform. Dort hingegen, wo Landschaften verschwinden, Räume zu Flächen und Sozialgefüge zu Networks mutieren, ergibt sich das Bild von gleichzeitigen Pluralitäten, das mit der harmonischen Vielgestaltigkeit klassischer Bildung nichts mehr gemein hat.

Diese Unvereinbarkeit bringt der Schreibwerkstatt-Text auf seine Weise zur Sprache. Er beschreibt, ganz im Sinne einer Bildungstradition, die das Ich prägende Umgebung und konstituiert damit das Ich als ein sich selbst bewusstes. Könnte man die Wellenbewegung des Textes an dieser Stelle stoppen, ließe sich, im Rückgriff auf Hegel, sagen, dass (Schreib-)Arbeit und Selbstbewusstsein einander vermitteln. Doch die traurige Pointe des Textes ist ja gerade die, dass das Erzähler-Ich dem, was ihm da geschieht, passiv ausgeliefert ist. Ferreol, der Autor, vermag das ihn Prägende nicht als etwas zu begreifen, das ihn prägt. Das Diktum klassischer Bildung, jenes, dass Ich und Welt zur begrifflichen Übereinstimmung gelangen, wird verfehlt. Genau in diesem "Versagen" zeigt sich die eindrucksvolle Qualität des Textes: weil er die Unmöglichkeit anzeigt, aus dem alltäglichen Umgang mit leeren Lebens-Theaterbühnen und beliebigen Figurenauftritten so etwas wie eine mit Entwicklungssequenzen versehene Bildungsgeschichte zu stricken.

Damit schlägt eine mögliche Bildungsarbeit in ihr Gegenteil um: in das bloße Bilanzieren eines Negativ-Saldos, an dem zu rütteln keine Möglichkeit besteht. Was einzig bleibt, scheint, ihn als solchen zu quittieren. Je nach Gestimmtsein in verschiedener Weise: im Habitus schuldigen Schuldigseins; in der Haltung lauernden Aufbegehrens; im Overall lässiger Coolness; in der Nacktheit bloßen Resignierens.

suchen

I. Weimar, Haus am Frauenplan.

Wie einer Person sich nähern, die nicht nur existierte, sondern auch zur literarischen Figur wurde, ausgeleuchtet von Interpreten in mannigfaltiger Weise, analysiert auf psychische Befindlichkeiten, klassifiziert zumeist als Träger eines Lebens, das im Schatten eines zu großen Lichts stand? Begegnet man einem Leben, das sich selbst nicht verwirklichen konnte, weil die Möglichkeiten einer Verwirklichung durch das egomane Selbst eines anderen Lebens eingeschränkt wurde? Liegt ein Lebensbild vor, das zum verkleinerten Abbild eines anderen, größeren gerann?

Offene Fragen also. Die Besichtigung eines Lebens ist geplant. Ist es gestattet, an die Tür des großen Hauses am Frauenplan zu klopfen, um den Hausherrn kennen zu lernen? Wobei die Antwort offen, wer dieser denn sei. Zuvorderst, gewiss, Seine herzogliche Exzellenz Johann Wolfgang von Goethe, der, da auf ausgedehnten Reisen, zumeist durch Abwesenheit glänzt. Zunächstens, auch gewiss, herzoglicher Cammer-Rath August von Goethe, der, da mit umfangreichen Besorgungen für den pater familias beschäftigt, zumeist durch seine Anwesenheit die reibungslose Wartung des Hauses verbürgt. Ihm, dem Sohn wäre die Aufwartung zu machen.

Angenommen, er ließe sich auf das Spiel ein – mit was könnte er seine Erzählung über sich und über sein Leben beginnen? Mit einem akkurat zusammengestellten Bericht über seine Tätigkeit im Haus am Frauenplan, über seine Beschäftigung mit Registrande, Concepte, Abrechnungen, Zahlungsanweisungen, mit Eingaben und Mahnungen, mit Warenbestellungen und Bestätigungen, mit Briefverkehr und Dieneranweisungen? August von Goethe, der Al Hafi, Zahl- und Schatzmeister? Zuzutrauen wäre ihm ein sorgfältiger Bericht über sich selbst unschwer – verbürgt ist seine cammerräthliche Gewissenhaftigkeit und Ordnungsliebe, seine Neigung zu notieren, beschreiben, aufzuzeichnen, schriftlich festzuhalten. Verbürgt auch seine Vorliebe für das Ordnen, Sammeln, Klassifizieren von Steinen und Mineralien; verbürgt sein Fleiß, seine Pedanterie, mit der er die Ordnung im ‚Schiffchen' seiner Mansarde stilsicher zu wahren weiß.

Die Berichtsvariante stünde August gut an. Wäre eine andere denkbar? Wie könnte seine Erzählung über sich und sein Leben noch aussehen?

Mit der Wiedergabe einer einzigen Episode etwa? Beispielsweise jener, die ihm eine Duellforderung einbrachte? Aber wie ihn, August, das erzählen lassen? In direkter oder indirekter Rede, in der Rede eines Autors über diese Rede oder gar als ganze Ich-Erzählung? Wie ihn das sagen lassen, was sich zugetragen in den Tagen der französischen Kanonade bei Leipzig, da er sich freiwillig zum Waffendienst bei den Weimarer Jägern gemeldet

– abhold der Schnallenschuhe und Filzpantoffeln
– zugetan der nationalen Befreiungsbewegung
– spekulierend auf Anhimmelei durch Backfischröte
– spekulierend auf wildes Mannestum
– hoffend auf Ehr

und dann doch um all die Hoffnung betrogen wurde, weil

– die Jägeruniform dem herzoglichen Ordonanzkittel wich
– das Gewehr den Reskripten
– der Marsch einer Kutschenfahrt nach Frankfurt
– das Scharmützel dem Archivieren von Papieren.

Das erzeugt Spott, Verunglimpfung, Gelächter, Verachtung. Zudem in Gestalt einer Figur, die sinnigerweise von Werthern heißt, aber nichts von einem Werther an sich hat. Im Gegenteil: ganz Vertreter des Standes vom Schwert, nicht eben vom Format eines Hagen von Tronje, Mustafa Pascha, Türken-Louis oder Wrangel – nur ein aufgeblasener Rittmeister eben. So etwas genügt auch schon. Duellforderung gegen den mit Ordonanzuniform geschmückten Operetten-Lakaien, den federkielbewaffneten Hänfling vom ehrlosen Stand der Vaterlandsverräter, Feiglinge und Angsthasen. Gelächter überall – man kann es sich unschwer denken. Natürlich wird die ganze Angelegenheit niedergeschlagen, gerät zur burlesk-juristischen Farce, zur komödiantischen Fußnote: Weimarer Possierlichkeiten – wozu ist man schließlich auch Sohn eines Vaters? – Berufssohn, würde Thomas Mann sagen.

Aber ein Stachel bleibt, wenn auch nicht gerade der Speer des Amfortas.

– Man ist blamiert.
– Man wurde kujoniert.
– Man ist echauffiert.
– Man wurde insultiert.
– Man ist ramponiert.

Und das, weil der Retter zugleich der Verursacher der vermaledeiten Affäre war. Wäre es nicht dem Vater gelungen, den Herzog von seinem Ordonanzeinfall zu überzeugen, hätte es das Possenspiel vor dem Haus am Frauenplan nie gegeben, mit ihm, dem August, als Hanswurst in der Hauptrolle.

Dass sie ihn gekränkt, die Szene, ist dem Eifer des jungen Goethe anzumerken, mit der er sie erzählt hat. Dass sie indes jene Keimzelle in sein Leben bringe, die das Scheitern des Ablöseprozesses vom Vater verursache, ist psychoanalytische Spekulation.

Gäbe es noch etwas zu erfragen vom Gastgeber? Gewiss, biografische Neugier ist schwer zu befriedigen. Wollen uns gleichwohl gewärtig sein, dass wir Gäste sind in einer Welt des höfischen Adels,

– die zwar Zeitung kennt, aber nicht die Telekommunikation,
– das galant-parlierende Wort, aber nicht dessen akustische Archivierung,
– den subjektiven Briefadressaten, aber nicht den ent-subjektivierten, virtuellen Anonymus,
– zwar die Zeitlichkeit des Kerzenlichts, aber nicht die Zeitlosigkeit einer Lichtkerze,
– den Kanzleistil, aber nicht die Textschablone.

Deshalb – Kabinettsordre an uns selbst: Räsoniert nicht – merkt lieber auf!

II. Berlin, Schloss Monbijou

Günstige Gelegenheit, Herrn von Goethe jun. ein zweites Mal zu sehen. Anlässlich einer Festgala, zu der er mit seiner Frau Ottilie eingeladen. Gastgeber: König Friedrich Wilhelm III. und Fürst Radziwill. Einziger Wermutstropfen für uns: da wir keine Akkreditierung erhalten, müssen wir uns mit Teleobjektiv und Weitwinkel begnügen.

Telegene Bilder: Kutschen, Pferde auf dem Vorplatz; festliche Abendrobe und Galauniform auf der Schlosstreppe; kerzenlichtüberfluteter Festsaal, illuminierter Garten. Französische Prachtentfaltung im Erbland Friedrich des Großen. August von Goethe und seine Frau sind, wie wir feststellen, anwesend. Im Gespräch mit Prinz Wilhelm, dem Bruder des Königs.

Halten wir, die Papparazzi der Moderne, inne – werden wir zu Nachdenkenden. Was ist es eigentlich, was in einer solchen Szene wie der genannten, historisch verbürgten, geschieht? Ein Normenverstoß, eine Ständeverletzung. An einer königlichen Tafel, exklusiv für den Hochadel, nimmt ein gewöhnlicher Cammer-Rath in Weimar'schen Diensten teil. Das ist eine soziale Verschiebetektonik, fast schon eine Art Palastrevolution. Für das nach-napoleonische Preußen 1818 allemal. Mehr noch: dem Herrn Cammer-Rath wurde sogar die Ehre zuteil, dass unmittelbar vor Beginn des Soupers im Theatersaal des Schlosses Monbijou zwei Szenen aus einem Werk gespielt wurden, das sein Vater geschrieben: aus dem FAUST. Will heißen, der Vater, Seine Exzellenz, Staatsminister von Goethe, sitzt – eigentlich – an der Tafel Friedrich Wilhelm III. Der Sohn vertritt ihn. Heißt das auch: Man wird ihn das spüren lassen, so dass er, häufig vertretener interpretatorischer Ansicht zufolge, schon zu diesem Zeitpunkt am Widerspruch seines Lebens zerbrochen? Heißt es nicht. August reussiert; Ottilie, ohnehin eine geborene gesellschaftliche Caprice, auch. Der Herr Cammer-Rath ist kein falscher Graf Stapinski – er weiß seine Kleider zu tragen, beherrscht den Knigge des Hochadels, fügt sich in die protokollarischen Vorschriften und Etiketten europäischer Häuser nahtlos ein. Verhielte es sich anders, gäbe es gewiss ein Weimarer Schatzkästlein von der Art wie: Anekdoten, Schwänke, Possen, Burlesken und Schnurren aus dem cammerräthlichen Kuriositäten-Kabinett – oder: des Augusts unfreiwillig-lustig' Hanswurstiaden am Hofe des Herzogs von Weimarland, Alfons des Viertel vor Zwölften.

Von solcher Art Peinlichkeiten ist indes nichts überliefert und das in einem Leben, das vor interpretativem Seziermesser nicht geschützt ist. Mithin bleibt nur die Folgerung: August spielt seine Rolle perfekt – was noch lange nicht heißen muss, er habe sie verinnerlicht. Denkbar, dass der erste Rektor der Berliner Universität, Fichte, Feuerkopf und Redner an die deutsche Nation im Überschwang seiner Gefühle das so veranschaulicht hätte: ein Nicht-Ich vertritt das Ich so, dass das scheinbare Ich zum Sein seiner Identität mit sich selbst gelangt. August beherrscht mithin die Illusion perfekter Täuschung. Wenn es nur dies wäre: auch das ist Kunst, Lebenskunst gar. Blaupause ist es jedenfalls nicht.

Wie chamäleongleich sich August den wechselnden Erfordernissen seiner hochgestellten Gönner und Goethe-Verehrer angepasst haben muss, zeigt sich auch an dem Umstand, dass er in den drei Berliner Wochen überall herumgereicht wird. Von Absagen, Ausladungen gar, ist nichts bekannt. Die Liste der Namen, die der Träger des Namens Goethe persönlich kennen lernt, ist Legion; sie umfasst die gesamte damalige preußische Elite: Zelter, der Musikpapst; Schadow, der Bildhauer; Schinkel, der Baumeister; Raabe, der Maler; Altenstein, der Kulturminister; Savigny, der Rechtslehrer; Schlegel-Tieck, die Shakespeare-Übersetzer; Hoffmann, der dichtende Jurist; Gneisenau, der Feldmarschall; Wolff, der Gelehrte; Langermann, der Mediziner; Mendelssohn-Bartholdy, der Bankier; Schleiermacher, der Theologe; Hegel, der Philosoph. Unzählige Auftritte bei Matineen und Soireen, Teegesellschaften und Spaziergängen sind damit verbunden. Gespräche vor allem – möglicherweise auch in Französisch. Keine leichte Aufgabe, die einen ‚gewöhnlichen' Cammer-Rath wohl überfordert hätte. Denn wie anders soll man sich die, vorwiegend aus Herren bestehenden (vielleicht aufgelockert durch die Damen Dorothea Tieck, Rahel Varnhagen, Bettina von Armin – ihres Zeichens auch gelehrte Köpfe) Gesprächsrunden denn vorstellen als: kopflastig. Wie mag es sich angehört haben, wenn ein in die Wolle seiner barocken Gelehrsamkeit eingefärbter Hegel auch nur über die Banalitäten des Wetters zu reden anfing? Müsste da nicht dasselbe Ergebnis zu erwarten sein, wie jenes, das Thomas Mann an seinem Goethe vorführt, wenn er jenen im Begriffswandel von Cumuli und Cirri, Windbaum und Besenstrich traumwandlerisch sicher umher gehen lässt? Virtuose Gelehrsamkeit auch dort, wo das Thema scheinbar alltäglich. Das Gratisbillet zur Teilnahme an solchermaßen besetzten Tischgesellschaften zeigt verborgene Tücke: jene, im gefürchteten Rollenfach des Lebens, des Sich-Blamierens, zu reüssieren. Jenny Treibel, Kommerzienrätin, bildungsverstiegen, wäre, zu ihrer eigenen Verblüffung, darin sehr erfolgreich gewesen; August von Goethe, herzoglicher Cammer-Rath, gewiss nicht bildungsverstiegen, war es nicht. Deshalb hat er sich auch nicht blamiert.

Das verdient umso mehr Respekt, als er, aus historischer Retrospektive betrachtet, Novize einer sozialen Form von aufkeimender Bürgerlichkeit und Öffentlichkeit wurde, die so experimentell und neu, dass dafür ein Schleiermacher erst einen theoretischen Begriff entwickeln musste. Sein Entwurf einer freien Geselligkeit beschreibt, was August erlebt: die Konstituierung einer offenen Form sozialen Austausches, frei von Perücke, Zopf und Degen. Was angestrebt, was ausprobiert wird, ist: eine Art Spiel, das zwischen geselligem Miteinander und unterhaltender Geselligkeit, zwischen Aneignen und Entäußern, zwischen Geschmeidigkeit und Takt changiert – versuchsweise fernab der Standesschranken. Es entsteht eine Art preußisch-säkularisierter Courtoisie, die zwar befreit ist vom Höfisch-Verbindlichen, aber nicht vom Verbindlich-Höflichen. Der Detmolder Knigge trägt das Seine dazu bei – Umgang zwischen Menschen gerät zur Kunst, wenn der Zwang des Protokolls, das eines spanischen Escorial gar, wegfällt.

Die schönen Tage von Aranjuez, nein, Monbijou, sind vorbei. Für Ottilie und August von Goethe. Für uns, die Paparazzi im Schafspelz, auch. Sind Recherche-Ergebnisse feststellbar? Erstellt werden sollte: Profil eines Cammer-Rathes. Entdeckt wurde: eine neue Sozialform. Im Berlin der Hardenbergs, Steins und Humboldts. Dank eines Cammer-Rathes – aus Weimar.

III. Berlin, Kneipe am Potsdamer Tor.

Ist es gestattet, Herr Herzoglicher Cammer-Rath von Goethe, noch einmal an dem anzuknüpfen, wovon wir uns soeben verabschiedet? Bei Ihrem Berliner Aufenthalt. Wir, die recherchefreudigen Biografen, sind zufällig auf eine Notiz von Ihnen gestoßen, des Inhalts: *Wenn ich mich nicht manchmal allein eine Stunde in ein Kneipchen flüchtete, so könnte ich es nicht aushalten:*

Um Missverständnisse zu vermeiden. Wir sind keine Enthüllungs-journalisten, keine Sensationsreporter, sondern Spurenleser von Lebens-wegen, biografische Landvermesser von Seelenbezirken. Sagt, so erlauben wir uns zu fragen, diese Notiz etwas über Sie selbst aus oder ist sie nur zufälliger Natur? Oder – aristotelisch gefragt: Ist die Notiz Substanz oder Akzidenz? Dürfen wir Sie also, verehrter Herr Herzoglicher Cammer-Rath, um die Erlaubnis bitten, an Ihrem Tisch in der Berliner Kneipe, wohin Sie nach Ihren eigenen Worten geflüchtet, im Geiste Platz zu neh-men? Ehrerbietigsten Dank für Ihre Erkenntlichkeit.

Das Bild vom strahlenden Lichterglanz des königlichen Soupers wandelt sich also zu jenem schummrigen Licht in einer Berliner Kneipe. Statt schwerem Wein, Berliner Weiße; statt Perücke, Hut; statt Ordens-band, Gehrock; statt galanter Konversation; stummes Mit-sich-selbst-Sprechen. Diesmal also kein *Stellvertreter-Dasein*, kein *Berufs-Sohn*, kein Teilnehmer am Bund freier Geselligkeit. Vielmehr Original in eigener Sache, Herr des eigenen Privatissimum, Genießer des eigenen *Für-sich-selbst-Seins* und nicht Knecht des vermittelten *Für-andere-Sein*, zumal Hegel nicht in dieser Kneipe gerade an seinem Herr-Knecht-Kapitel schreibt.

Die Kneipe bietet, lange bevor das Arnold Gehlen auf den Begriff bringen wird, das, was eine Institution, und sei sie noch so schiefwinklig wie eine Eck-Kneipe, eben bietet: Entlastungsfunktion. Sie, die Kneipe, ist Ort für privates Räsonnieren, Bloch'sche Tagträumerei, Proust'sche Rückblenden, persönliche Reminiszenzen, private Lebensbilanzen. Der Kneipentisch als Freud'sche Couch. Warum auch nicht? Herr Cammer-Rath von Goethe nimmt 1819 – Helmut Käutners Film vorwegnehmend – FERIEN VOM ICH.

Der Bilder gäbe es genug, die zu denken wären, dass August von Goethe hier sie denken könnte, in Gesellschaft seiner Berliner Weiße. Bil-der seiner Kindheit etwa, die er vor allem mit seiner Mutter, der lebenslus-tigen Christiane Vulpius, verbracht. Den Vater hat er wesentlich seltener zu Gesicht bekommen, da der nur sporadisch im Haus am Frauenplan auftauchte und rasch wieder verschwand, einem seiner vielen Reiseziele entgegen. Das Kind mag die sozialen Unstimmigkeiten und Schieflagen seiner Umwelt durchaus unbewusst gespürt haben – ja, unbewusst, denn Schelling und Carus haben den Begriff schon lange vor Freud an der Angel. Rätselhaft muss es für den Kleinen gewesen sein, warum die Mut-ter von den Hofdamen geschnitten, er selbst hingegen von einer, Char-lotte von Stein, zwar freundlich, aber doch mitleidvoll-distanziert behan-delt wurde. Einer Dame zudem, die nicht nur Mutter seines Spielkameraden Fritz war, sondern die, so will es dem Kind dünken, auf rätselhafte Weise mit dem Vater näher bekannt sein muss.

Zu den stärksten Eindrücken seiner Kindheit zählt gewiss auch der Besuch in Frankfurt, bei der Mutter des Vaters. Die Frau Rätin empfängt Christiane, die – ledige – Frau ihres Hätschelhannes und ihren Enkel mit offenen Armen. Ohne jeglichen Vorbehalt, ohne Wenn und Aber. Das fällt dem Kind umso mehr auf, weil so etwas in Weimar ausfällt. Dabei ist der Vater bei den Besuchen in Frankfurt – drei werden es im Laufe der Jahre sein – nie zugegen. Mutter und Sohn immer allein, auch so etwas wird das Kind beschäftigen.

Sind noch andere Bilder denkbar, die bei dem einsamen Kneipenbesucher sich einstellen könnten? Seinem lebhaften Zuspruch zum Berliner Bier nach zu beurteilen, müsste das unschwer möglich sein.

Erinnerungen vielleicht an seine Heidelberger Studentenzeit, während der er glücklich war, wohnhaft dort in der Hauptstraße, zusammen mit seinem schwarzen Pudel Turk. Da konnte der Sohn noch nicht ahnen, dass der Vater später einen schwarzen Pudel auf die Bühne brachte; aber auf deutschen Bühnen probiert ein jeder, was er mag.

Vielleicht auch ein Erinnerungsbild an eine seltsam leere Weimarer Hofkirche, vor deren Altar vier Personen stehen: der Vater, die Mutter, Riemer, der Unentbehrliche in Goethes Haus und er selbst, der 17-jährige August. In seiner Rolle als Trauzeuge seiner Eltern. Einsame Hochzeit Seiner Exzellenz des Vaters mit seiner Mutter; offenbar so gewollt; zugleich etwas, was dem jugendlichen Trauzeugen den Namen Goethe näher bringt. Dunkel das alles, ein wenig rätselhaft für ihn, so recht durchschauen wird er es wohl nicht.

Ein weiteres Bild in dieser Bilderkette böte sich nun fast zwangsläufig an – wenn Freud nur nicht gelehrt hätte, dass in der menschlichen Psyche statt Kausalitäten Deckerinnerungen die Oberhand haben. Nehmen wir dennoch an, das Bild von der Trauung seiner Eltern führe August von Goethe zu jenem seiner eigenen mit Ottilie. Auch kein unbedingt nur strahlendes Bild. Eher das einer Ehe mit Hindernissen. Von Anfang an. Mütterlicherseits ist Ottilie eine Henkel von Donnersmarck, alter Adel, verarmt, aber stolz. Die Großmutter vor allem setzt umfangreiche Versorgungsansprüche zugunsten ihrer Enkelin bei jenen Goethes durch, die in ihren Augen weit unter Stand sind. Hinzu kommt jene ambivalentverräterische Bemerkung Ottiliens zu August – *Ich liebe Ihren Vater ungemein*. Wir wissen nicht, wie sehr sie damit August getroffen, inwiefern sie ihn misstrauisch gemacht hat.

Denkbare Bilder das alles, die am Tisch der Berliner Kneipe gedacht werden könnten. Einem Tisch, auf dem schon einige Biergläser stehen, denn August von Goethe ist – man kann es nicht abstreiten – dem Trinken nicht eben abgeneigt. Schon als Kind weiß er den Melniker, den Wasserwein, gut zu schätzen.

Ergeben sie einen geschlossenen Sinn – diese Impromptus von Bildern, fügen sie sich zu einem Kreis, zu einer gegliederten Einheit, zu einem harmonischen Ganzen, zu einer vielgestaltigen Harmonie? Fügen sie sich, mit einem Wort, zur schönen Gestalt? Das würde der Vater erwarten.

Ist der Sohn auch darin sein Stellvertreter? Gibt er auch darin sich selbst auf? Fügt er sich einem Konzept, das, klassischer Annahme zufolge, Ich-Autonomie erzeuge? Bewusst und in einer Art philosophischer Reflexion wird August von Goethe sich schwerlich mit dieser Frage auseinandergesetzt haben. Erst in den späten 1820er Jahren, da sich sein Leben verdunkelt, hat er wohl in dem Barden Karl von Holtei einen Freund gefunden, dem er schonungslos offen seine Enttäuschungen, Ängste und erlittenen Demütigungen preisgibt. Da ahnt er wohl etwas, welchen Preis er für sein Stellvertreterleben bezahlt – aber er reflektiert es nicht, er schreit es vor Holtei eruptiv heraus.

Der August von Goethe des Berliner Aufenthaltes ist indes ein anderer. Da blüht noch viel Hoffnung. Da schert sich einer wenig darum, ob seine Bilder zur schönen Gestalt sich fügen. Mehr noch. Es will fast scheinen, als ob der am Berliner Kneipentisch sitzende Gast sich seinem Vater durch Flucht in spätere, mithin modernere Zeiten entzieht. Die Unstetigkeit seiner Bilder lassen den Verdacht aufkeimen, dass es die Architekturen, Marmorbilder und Theaterkulissen eines Schadow oder Schinkel nicht sind, die, obwohl allesamt von schöner Gestalt, seinem Lebensbild symbolisch entsprächen. Vielleicht – so denken wir es uns stellvertretend für den Goethe-Sohn – wären es eher Bilder des Fontane-Freundes Adolf Menzel, etwa jenes mit dem sachlichen Titel BALKON-ZIMMER: Entstanden 1845, also fünfzehn Jahre nach Augusts Tod, zeigt es nichts anderes als geöffnete Flügeltüren mit einem leicht wehenden Vorhang; einem Licht durchfluteten, menschenleeren Raum, in dem sich nicht mehr befindet, als ein hoher Standspiegel, zwei Stühle, ein Bild und ein kleiner Teppich. Das ist alles und doch so viel, weil das mit scheinbar leichter Hand hingezauberte Licht- und Farbenspiel den Duft des Impressionismus schon spüren lässt. Dieser Raum ist keiner, der für Protokoll und Perücke, für Livrée und Hofknicks sich eignete. Was er in seinem Standspiegel spiegelt, ist nicht nur ein gerahmtes Bild, sondern vielmehr ein ganzes Lebensgefühl, das, jenseits von der Wucht eines auf das Ganze abzielenden Lebensideals, sich in den Parzellen des Changierens und des Unsteten, des Schlenderns und des Zufälligen, des Improvisierens und des Unfertigen einrichtet. Die Lebensform verflüssigt sich, entgrenzt ihre Grenzen, ist auf der Suche nach sich selbst. Zu dem August von Goethe, den wir in seiner Berliner Kneipe vor sich hinträumen lassen, passte das alles gut.

Wir, die Restaurateure einer von der Übermacht des geerbten Namens firnisbeschwerter Biografie, treten vom Tisch der Berliner Kneipe zurück. Der Herzogliche Cammer-Rath August von Goethe eilt, überraschend nüchtern, zu einem Abendempfang bei den Mendelssohn-Bartholdys. Wir indes überprüfen unser Recherche-Ergebnis. Gesucht hatten wir das Profil des August von Goethe. Vermutet hatten wir einen Nur-Sohn. Zu widerlegen war das nicht. Indes durch etwas Anderes zu ergänzen: Nicht nur durch das Bild des geläufigen Teilnehmers an Hof- und Abendgesellschaften. Denn gefunden haben wir einen sozialen Typus, den es zu Beginn des 19. Jahrhunderts noch gar nicht gab. Einen Jemand, der zu den bewohnten und literarischen Räumen des Vaters nicht passt, der aber zu Menzels BALKONZIMMER unschwer Zutritt hat: der Flaneur.

tradieren

Ich bin das kleine Mädchen auf dem Bild. Mit der Haube auf dem Kopf. Ich glaube, so etwas trägt man heute nicht mehr.

Was ich auf dem Bild tue? Ich lerne. Lesen und Schreiben. Das ist anstrengend. Viel lieber spiele ich. Mit meiner Katze. Drollig ist die. Manchmal setze ich sie in die Schubkarre und fahre sie über die Felder spazieren. Mit meinen Freundinnen spiele ich auch viel. Nicht so viel mit meinem älteren Bruder. Mein Bruder findet kleine Mädchen dumm. Er lacht mich aus, weil ich noch nicht Lesen und Schreiben kann. Deshalb lerne ich es. Mit Hilfe meiner Lehrerin, der MAÎTRESSE D'ÉCOLE. Ich glaube, so heißt das Gemälde, auf dem ich gemalt bin.

Meine Lehrerin habe ich richtig lieb. Sie trägt auch so eine Haube wie ich und ist immer freundlich. Auch jetzt. Sie zeigt mir mit dem Stab die Stelle aus dem Buch, die ich lesen soll. Das ist nicht leicht. Alle Buchstaben kenne ich noch nicht so richtig. Aber Françoise, meine Lehrerin, schimpft nicht. Eigentlich schimpft sie nie. Maman ist viel strenger. Sie ist auch nicht so häufig da wie Françoise. Oft fährt sie in der Kutsche fort, nach Versailles. Wenn sie zurückkommt, fragt sie immer Françoise, ob ich brav war. Françoise sagt dann immer ja, auch wenn es nicht ganz stimmt.

Wenn ich ab und zu mal weine, gehe ich zu Françoise. Zu Maman traue ich mich nicht. Wenn viele Leute bei uns da sind und speisen, muss ich zu Maman und Papa immer ‚Sie‘ sagen. Die Männer haben meistens so eine bunte Uniform an mit einem Degen und die Frauen tragen einen Reifrock und eine Perücke. Ich bin froh, wenn die Gäste weg sind – dann kann ich wieder spielen und im Pferdestall beim Ausmisten zusehen und helfen. Da wird man so schön schmutzig. Maman schimpft dann oft, Françoise nicht. Aber sie kann auch streng sein. Wenn ich die Wörter falsch lese. Das verbessert sie sofort. Sie ist immer aufmerksam. Das sieht man, glaube ich, auch auf dem Gemälde. Sie ist immer sauber gekleidet. Die anderen Dienstboten bei uns tragen nur einfache Kleidung. Sie dürfen auch nicht an unserem Tisch essen. Françoise auch nicht, nur ab und zu, wenn Papa nicht da ist. Mit Françoise ist das Essen lustiger – deshalb gehe ich auch oft heimlich in die Küche zu ihr und den anderen Mägden essen. Maman schimpft dann, wenn sie mich erwischt. Das gehöre sich nicht für ein Mädchen von Stand, sagt sie. So ganz weiß ich nicht, was sie damit meint, aber dass Papa und Maman Herrschaften sind, das spüre ich schon. Maman sagt manchmal, ich müsse später einmal, wenn ich groß bin, eine richtige Demoiselle und Landgräfin werden – dazu müsste ich noch viel lernen. Zum Beispiel Lesen und Schreiben, Sprachen wie das Italienische und das Englische und Cembalo spielen und Tanzen. Es gäbe nicht viele Mädchen, die so etwas lernen dürfen. Aber ich möchte lieber spielen als in großem Putz durchs Schloss zu gehen oder am Vertiko zu lernen. Vertiko, das hat einmal der Papa zu dem Möbel gesagt, an dem ich lesen lerne. ‚Das wird alles einmal Dein Bruder erben und Du wirst heiraten und in ein anderes Schloss als Herrin einziehen‘, hat Papa zu mir gesagt – aber ich habe nicht recht verstanden, was er damit meint. Ich glaube, ich muss mich dann so verhalten wie Maman. Irgendwie vornehm. Maman kann das sehr gut. Das muss ich also auch noch lernen. Aber was wird dann aus Françoise? Ich werde sie für immer bei mir behalten.

Vielleicht malt mich dann auch der Mann noch einmal, der mich jetzt gemalt hat. Mich, wenn ich groß bin, zusammen mit Françoise. Dann trage ich auch so ein Kleid wie Maman und eine Perücke. Dann stehe ich nicht mehr am Vertiko, sondern sitze vielleicht in einem großen Sessel oder stehe im großen Saal vor den Bildern, auf denen meine Großeltern zu sehen sind. Und neben mir steht Françoise. Wenn sie das darf. Ich weiß nicht so recht, warum, aber ich glaube, sie darf da nicht stehen. Das hat etwas mit so Wörtern wie ‚Stand‘ und ‚Adel‘ zu tun. Oder mit ‚Etikette‘. Vielleicht trage ich auf dem Bild eine Kette wie Maman und vielleicht einen Fächer. Ob meine Katze Minkie dann auch mit auf das Gemälde darf? Da muss ich den Herrn Maler fragen. Chardin heißt der, glaube ich. Maman hat ihn einmal Jean Baptiste genannt. Eine riesige Brille hat der auf der Nase und eine lustige Kopfbedeckung. Er sieht schon etwas komisch aus. Mein Bruder hat ihn recht verächtlich angesehen. Ein Maler – hat er nur gesagt. Aber Papa hat geantwortet: ‚Das ist unser Goya'. Was er damit gemeint hat, weiß ich nicht. Der Herr Maler hat sich selbst von der strengen Großmama nicht einschüchtern lassen. Er ist in unserem Schloss ganz anders aufgetreten als unsere Dienstboten. Mit seiner Brille und seinen Augen hat er alle Leute immer so aufmerksam angesehen. Aufmerksam ist Françoise auch – aber so schaut sie nicht wie der Maler. Er hat noch viele andere Bilder gemalt, hat mir Papa gesagt – einen Jungen mit einem Kreisel und so.

Ich finde, er hat uns schön gemalt. Nur mich ein bisschen ernst. Ich bin nicht immer so ernst. Die Haube auf meinem Kopf gefällt mir auch nicht, obwohl er sie so gemalt hat wie sie aussieht. Die Farben gefallen mir. Hinter Françoise wird es auch heller. Spielsachen hat der Herr Maler nicht mit gemalt und meine Katze auch nicht, obwohl Minkie uns oft zugeschaut hat beim Malen. Schade. Und sonst ist auf dem Bild nichts weiter zu sehen. Das sei eine Art Stillleben, hat Papa gesagt, als er das fertige Bild gesehen hat. Ich weiß nicht, ob das ein Lob oder ein Tadel war. Eher wohl ein Lob, denn er hat das Bild gekauft.

Ob mich der Herr Maler auch einmal malt, wenn ich mit Minkie spiele oder im Pferdemist liege? Ich habe ihn schon einmal danach gefragt. Aber da hat er gesagt, so etwas schickt sich nicht. Man malt keine Kinder von Stand, die im Dreck liegen. Nicht einmal Murillo hätte das getan. Ich weiß nicht, wen er damit gemeint hat – ich habe bei dem Namen an unseren kleinen Esel denken müssen. Auf dem reite ich gerne. Ohne Haube auf dem Kopf.

Nachdem das Gemälde fertig war, hat der Herr Maler zu mir gesagt, dass ich später, wenn ich groß bin, zusammen mit meinem Bruder bestimmt noch einmal gemalt werde. Dann in schönen Kleidern und Perücke. Das Gemälde werde dann in unserem Ahnensaal hängen, neben den Bildern der Großeltern und Eltern und Vorfahren. Dieses Gemälde würde dann ein richtiger Hofmaler malen – hat der Herr Chardin zu Papa gesagt – vielleicht der Antoine Pesne. Den Namen habe ich mir gemerkt, weil der so lustig klang. Auf die schönen Kleider und die Perücke freue ich mich schon sehr. Mein Bruder ist jetzt schon ganz stolz darauf, auf einem solchen Bild mit Degen und Stiefel und Uniform zu sein – vielleicht sogar auf einem Pferd. Ich hätte gerne Françoise und Minkie mit auf dem Bild, aber das gehe nicht, hat der Maler gesagt. Das finde ich sehr schade. Und trotz der schönen Kleider bin ich nicht gerne in der Ahnengalerie. Da ist mir immer ein wenig gruselig und unheimlich. Aber die

Ahnengalerie gehört zu unserer Familientradition, hat Papa gesagt. Ich weiß nicht recht, was er damit gemeint hat, aber wenn mein Bild mit dem Reifrock, der Perücke und der Kette direkt neben dem von Großmutter hängt, dann gefällt mir das doch.

Bis es soweit ist, muss ich noch richtig Lesen und Schreiben lernen. Und Italienisch. Bei Gina – eine unserer Kammerzofen. Wenn der Unterricht vorbei ist, darf ich wieder spielen. Mit Minkie. Und mit meiner Puppe Marie. Der bringe ich auch das Lesen und Schreiben bei.

Ich bin das kleine Mädchen auf dem Bild. Mit den blonden Haaren. Mein Bruder, der sitzt neben mir am Tisch und schreibt. Ganz aufmerksam. Obwohl er nur drei Jahre älter ist als ich, kann er das schon sehr gut. Ich bewundere ihn sehr dafür. Wie schön er die Schreibfeder hält. Er schreibt etwas aus dem Heft neben ihm ab. Ich glaube, dass das ein Heft vom Vater ist. Da stehen Sachen drin, die wichtig sind für sein Geschäft. Ich glaube, das ist ein Handelsgeschäft. Das hat irgendetwas mit Kaufen und Verkaufen zu tun. Da ist er sehr genau, der Vater. Deshalb muss mein Bruder die Sachen aus dem Heft fehlerfrei abschreiben. Damit alles stimmt.

Mein Bruder macht das bestimmt richtig. Er ist manchmal so wie der Herr Vater, ein bisschen streng. Aber so muss er wohl sein, denn er wird einmal alles das tun, was der Vater jetzt tut. Da muss man gut schreiben und rechnen können.

Früher hat mein Bruder häufig mit mir gespielt, sogar mit meiner Puppe Karla, aber seitdem er manchmal mit Vater zusammen in unser Geschäft geht, spielt er nicht mehr so viel mit mir. Die Mama kümmert sich um unsere Dienstmädchen und Köchinnen und ist mit Vater oft auf Reisen. Dann verbringe ich viel Zeit mit meiner Puppe Karla, unseren Pferden und bei unseren Mägden in der Küche. Die Kinder von unserem Nachbarn mag ich nicht so, obwohl der Vater sich häufig mit dem Nachbarn trifft. Die reden dann immer über Geld und Handel und so. Und andere Kinder von der Straße, die ich mag, darf ich nicht nach Hause bringen. Warum, weiß ich nicht.

Ich habe auch einen Hund, einen großen Bernhardiner. Der ist größer als ich, aber er gehorcht mir so auf's Wort wie meine Puppe Karla. Ich bin immer mit ihm zusammen, nur in die Schule darf ich ihn nicht mitnehmen. Sonntags in die Kirche auch nicht. Aber er holt mich immer ab. Ich gehe noch nicht lange zur Schule. Zu Hause gefällt es mir viel besser, aber ich möchte auch so Schreiben und Rechnen können wie mein Bruder. Obwohl ich das nie so gut können werde wie mein Bruder. Du wirst sowieso heiraten – auch einen Kaufmannssohn, sagt Vater, wenn er gut gelaunt ist. Das verstehe ich schon. Aber den Sohn vom Nachbarn möchte ich nicht heiraten. Viel lieber meinen Bruder. Aber der hat für Mädchen nicht so viel übrig. Er ist auch immer sehr korrekt. Nicht einmal die Tinte verkleckert er und die Schreibfeder ist immer spitz. Ich soll jetzt auch Nähen, Stricken und Klavierspielen lernen. Und Englisch. Französisch kann ich schon, weil unser Hausmädchen aus Neuchâtel kommt. Mein Bruder kann das auch und lernt Italienisch. Weil wir Waren nach Italien verkaufen.

Ich sehe meinem Bruder gerne zu, wenn er arbeitet, auch wenn das kein Spielen ist. Eines Tages hat der Vater einen Maler ins Haus kommen lassen, damit er uns malt. Am Anfang hat er gar nicht gewusst, was er mit uns anfangen soll. Wir mussten uns in verschiedenen Kleidern zeigen und uns da und dort hinstellen und setzen. Aber nichts war ihm recht, dem Herrn Maler. Bis er dann gemerkt hat, dass mein Bruder gerne am Tisch sitzt und so dasitzt wie der Vater. Dann hat er ihm zunächst einen Kreisel auf den Tisch gelegt, dann ein großes Bilderbuch und dann schließlich das Papier und die Schreibfeder. Später hat er noch das Tintenfass und den Köcher für die Schreibfedern hingestellt. Damit das Bild ins Gleichgewicht kommt, hat er gesagt. Da habe ich lachen müssen. Von selbst fällt das Bild bestimmt nicht um. Nur einmal hat mein Bernhardiner das ganze Zeug von dem Herrn Maler umgerissen – ich glaube, Staffelei hat er sein Zeug genannt. Da war er vielleicht erschrocken, der Maler. Ich fand das lustig. Nachdem der Tisch wieder mit den Sachen voll gestellt war, hat mein Bruder noch eine braune Weste über sein Hemd anziehen müssen. Wegen der Farben, hat der Herr Maler gesagt. Mich hat er hinter den Tisch gestellt und da ich noch klein bin, lugten nur mein Kopf und meine Hände hervor. Ich finde das sehr schade, denn ich habe extra ein schönes Kleidchen angehabt, aber das sieht man auf dem Bild nicht. Meine Puppe hat er auch nicht gemalt und auch nicht meinen Bernhardiner. Obwohl der fast so groß und klug ist wie mein Bruder. Als ich das alles meiner Mama gesagt habe, meinte sie, das sei schon in Ordnung so, wie der Herr Anker das mache. Anker, so hat sie ihn genannt. Ich dachte, wer so heißt, müsste eigentlich Schiffe malen. Aber das habe ich nicht laut gesagt, sonst wäre der Herr Anker wohl böse gewesen. Er hat sowieso immer ernst ausgesehen mit seinem langen, dunklen Kittel. Aber malen konnte er sehr schön. Er hat meinem Bruder und mir einmal ein Heft mit Zeichnungen gezeigt. Da waren viele Köpfe zu sehen, alte Leute, Erwachsene wie Vater und Mama und Kinder. Ich finde, wer Köpfe so schön zeichnen kann, muss eigentlich ein guter Mensch sein, auch wenn er ernst ist.

Meinen Eltern hat das Bild gut gefallen, als es fertig war. Mir auch, weil es meinem Bruder auch gut gefallen hat. Er war ganz stolz auf sich und ich auf ihn. Meine Haare hat der Herr Anker schön gemalt, obwohl er Anker heißt. Das Bild soll bei uns im Haus hängen, neben den Bildern von Großmama und Großvater und Vater und Mama. Mama hat gesagt, später werden da einmal die Bilder von mir und meinen eigenen Kindern hängen und da habe ich mir das Bild im Kopf ausgedacht: ich und Karla. Hätte der Herr Anker die Karla gleich mitgemalt, bräuchte ich das nicht mit den eigenen Kindern.

Wenn mein Bruder das Heft abgeschrieben hat, würde ich selbst gerne die Schreibfeder ausprobieren. Vielleicht etwas Zeichnen, die Karla oder meinen Bernhardiner – aber nicht in das Heft vom Vater. Das gäbe ein fürchterliches Donnerwetter. Ich male lieber auf ein Stück Papier. Vielleicht könnte der Herr Anker mir dabei helfen. Er scheint mich ja doch zu mögen. Jedenfalls hat er mich ganz hübsch gemalt. Und meinen Bruder auch.

Paris, 17. Juni 1871
Edmond de Goncourt an Gustave Flaubert

Mein lieber Freund,
    Ich habe einen Schirm bei Ihnen stehen lassen, – den Schirm eines Nachbarn, den ich nicht kenne, – das ist schlimm, könnten Sie Ihren Portier bitten, ihn für mich bereitzuhalten?
Ganz der Ihre und entschuldigen Sie
E. de Goncourt

Paris, 2. Juli 1871
Edmond de Goncourt an Gustave Flaubert
Mein lieber Freund,
    Sie werden meinen Brief nicht bekommen haben, in dem ich Sie darum bat, einen bei Ihnen vergessenen Regenschirm bei Ihrem Hausmeister zu hinterlegen, den Regenschirm eines Nachbarn; da ich keine Antwort von Ihnen erhielt, habe ich ihm einen ganz neuen geschickt, den er aus Anstand nicht angenommen hat; Sie sehen, dass sich die Lage kompliziert, umso mehr als er dieser Tage aus der Villa auszieht.
Ganz der Ihre
Edmond de Goncourt

Croisset, 4. Juli 1871
Gustave Flaubert an Edmond de Goncourt
Mein lieber Freund,
    Ihren Regenschirm, oder vielmehr Ihren geliehenen Regenschirm hatte ich bei meinem Hausmeister abgegeben, der mir versprochen hat, ihn besonders zu hüten. Warum haben Sie ihn nicht abgeholt?
Ich umarme Sie
Ihr Gve Flaubert

Jemand musste den Regenschirm verleumdet haben, denn ohne dass er etwas Böses getan hatte, wurde er eines Abends vergessen. Sein Inhaber, dem er noch am Nachmittag beim Spaziergang zu diesem Haus gute Dienste geleistet hatte – es hatte Bindfäden geregnet – kam diesmal nicht zu ihm zurück. Das war noch niemals geschehen. Der Regenschirm wartete noch ein Weilchen, sah, wie alle anderen Gäste des Hauses sich nach und nach hier in der Diele verabschiedeten und ihn stehen ließen, dann

aber, befremdet von so viel Teilnahmslosigkeit und von seinen Schirm-
nachbarn nach und nach im Stich gelassen, fiel er lauthals in seinem
Schirmständer um. Sofort öffnete sich die Tür, und ein Mann, den er in
diesem Hause schon ein paar Mal gesehen hatte, trat ein. Er war recht
dick, wirkte plump, hatte einen riesigen Schnauzbart wie eine Robbe und
trug ein schwarzes Kleid, das eher einem ausgebeulten Schlafanzug als
einem Hauskleid entsprach. ‚Wem gehört der?' brummte es unter dem
Schnauzbart des Mannes hervor, der dabei mit dem einen Arm auf den
Schirm hinwies und zugleich einen zweiten Mann anblickte, der, soeben
gleichfalls durch die Tür eintretend, ohne Zweifel für den Portier des
Hauses gehalten werden musste. Dieser zuckte mit den Schultern, was
wohl heißen sollte, er, der Portier, wisse es genau so wenig wie der fra-
gende Herr. Daraufhin verließ dieser, vor sich hin brummend, die Diele,
während der Portier den umgefallenen Regenschirm wieder aufrecht in
den dafür vorgesehenen Schirmständer stellte.

Da konnte dieser nun einer seiner beiden Hauptbeschäftigungen nachge-
hen – nämlich Warten. Die andere Hauptbeschäftigung war übrigens: sich
bei Regen tragen zu lassen. Doch schon nach zwei Tagen erschienen wieder die beiden selben Herren in der Diele, wandten sich überraschend
ihm, dem Regenschirm zu – überraschend deshalb, weil es gar nicht regnete – und der Herr mit dem Schnauzbart teilte dem anderen mit, es sei
soeben ein Brief von dem Besitzer dieses Schirms – dabei berührte er den
Schirm oben am Knauf – eingetroffen, in dem dieser mitteile, dass er diesen Schirm selber nicht besitze, sondern ihn bei einem Nachbarn ausgeliehen habe – hierauf hob der Herr mit dem Schnauzbart den Schirm an
seinem Knauf ein wenig an und schaukelte ihn etwas hin und her – und
dass er, der Briefschreiber, deshalb ihm, dem Gastgeber von neulich – bei
diesen Worten warf sich der Herr mit dem Schnauzbart etwas in die Brust
– bitte, den Portier zu bitten, ganz besonders auf den Schirm aufzupassen
und ihn zur Abholung bereitzuhalten. ‚Also dann', tönte und brummte es
unter dem Schnauzbart hervor, ‚spielen Sie den Türhüter, damit dem da
nichts zustößt' – er ließ bei diesen Worten den schaukelnden Regenschirm in den Schirmständer zurückplumpsen – sprach's und schlurfte
hinaus. Der Portier nickte dienstbeflissen, rückte den Regenschirm in eine
wohlfeile Position und verließ ebenfalls die Diele.
    Nun musste sich der Regenschirm auf eine längere Wartezeit einstel-
len. Abwechslung gab es keine, außer, dass der Portier ab und zu vorbei-
schaute, um sich der unverbrüchlichen Anwesenheit des Schirmes zu versichern. Nach etwa zwei Wochen erschienen, wiederum etwas
überraschend, da es nicht regnete, beide Herren in der Diele, nahmen wie
zwei Korporale vor dem Regenschirm Stellung, wobei der eine, jener mit
dem Schnauzbart, einen Brief in der Hand haltend, zu längeren Ausfüh-

rungen anhub. Es sei, so erfuhr der Portier, abermals ein Brief von dem vorübergehenden Inhaber des ausgeliehnen Regenschirms eingetroffen, der die ganze Angelegenheit in verschiedenster Hinsicht verkompliziere.

Der Briefschreiber

... mutmaße, dass ein Brief, in dem er darum gebeten habe, den Regenschirm beim Hausmeister zu deponieren, offenbar verloren gegangen sei, da er, der Briefschreiber, keine Antwort erhalten;

... betone nochmals, dass er gar nicht über den Schirm eigentumsrechtlich verfüge, sondern ihn nur ausgeliehen habe;

... weise darauf hin, dass der Nachbar, den er zudem kaum kenne, im Begriff sei, aus seinem Haus auszuziehen, er also, angesichts weiterer notwendiger Regelungen und Vereinbarungen in dieser Angelegenheit möglicherweise nicht mehr erreichbar sei;

... gebe bekannt, dass er, angesichts der obwaltenden komplizierten Verhältnisse, einen neuen Regenschirm gekauft habe, den er dem Nachbarn als Geschenk und Ersatz für dessen alten, gleichwohl damals vergessenen Regenschirm angeboten habe;

... teile weiterhin mit, dass der Nachbar den neuen, ihm angebotenen Schirm nicht angenommen habe, wobei zu hoffen sei, dass dies aus Gründen des Anstandes geschehen sei, und nicht aus Gründen des Beleidigtseins oder gar des ästhetischen Missfallens über den neuen Schirm;

... gebe nun, angesichts des ablehnenden Verhaltens des Nachbarn, das Problem zu bedenken, ob er nun weiterhin als rechtmäßiger Besitzer des neuen, wenngleich nun herrenlosen Schirmes zu betrachten sei, oder ob der Schirm, in seiner Eigenschaft als überbrachte Gabe, eigentumsrechtlich zwar kein eindeutig zuordbares, gleichwohl aber kein frei verfügbares Objekt sei;

... werfe die Frage auf, ob ein Regenschirm, der möglicherweise auf unabsehbare Zeit, aufgrund dieser ungeklärten Verhältnisse, keine Verwendung finden dürfte, in versicherungsrechtlichem Sinn noch als Regenschirm oder nicht vielmehr als Verschönerungsobjekt oder als Spazierstock taxiert werden müsste;

... entwerfe ein hypothetisches Gedankenspiel, ob, falls der Nachbar den ihm als Gabe angebotenen neuen Schirm nun doch annehme, der alte, vergessene Schirm dann automatisch in den Besitz des Briefschreibers übergehe oder möglicherweise den Status einer Dauerleihgabe erhalte, zugunsten jenes Herrn, bei dem der Schirm vergessen wurde.

Als nun der etwas dickliche Herr seine Ansprache an den Portier beendet hatte, blickte dieser ihn mit einer Mischung aus scheuer Bewunderung, ob der Formulierung solcher Satzgebilde aus dem Stegreif und mit einem völligen Unverständnis darob an, was denn der Inhalt dieses Briefes, den der Herr mit dem Schnauzbart gar nicht als Redemanuskript gebraucht hatte, eigentlich gewesen sei. Seine Ratlosigkeit verstärkte sich noch, als der andere Herr ihn in brummigem Ton auftrug, den Regenschirm besonders zu hüten und dann schlurfend die Diele verließ. In der Tür blieb er plötzlich stehen, drehte sich zu dem Portier um und sagte, ziemlich gallig im Ton: ‚Ich werde diesen Schirm-Nicht-Besitzer schon brieflich anfragen, warum er, zum Teufel noch mal den Schirm nicht abgeholt habe.' Sprach's und verschwand, den Portier mit der ungelösten Frage zurücklassend, auf welche Weise er denn das ihm nunmehr übertragene Amt eines Regenschirmhüters auszuüben habe. Wenn er den Auftrag, der ihm da erteilt worden war, richtig verstanden hatte, musste er dafür sorgen, dass dem Regenschirm kein Austritt aus dem Schirmständer gewährt werden dürfe – zumindest solange nicht, solange der gesetzmäßige Eigentümer – wer immer es auch sei – keinen Anspruch auf seinen Schirm erhebe.

So beugte sich der Portier tief zu dem Regenschirm hinunter, ihm die Worte sagen: ‚Hier kann niemand Einlass erhalten, weil dieser Schirmständer nur für Dich bestimmt ist. Du kannst den Zutritt zum Ausgang nur erhalten, wenn mein Herr erscheint und ein Urteil über dich ausspricht, ob er Dich, für welchen Zweck auch immer, noch brauchen möge oder nicht. Ich gehe jetzt und schließe die Dielentür zu.'

Epilog

Jemand musste an den Regenschirm erinnert haben, denn ohne, dass er etwas getan hätte, wurde er eines Tages mitgenommen. Von dem brummenden Herrn mit dem Schnauzbart. Nach draußen. In den Regen. Zu einem Gang hin zum Friedhof. Zu einer Beerdigung. Von einer Frau. Einer, der er zeitlebens sehr zugetan war, wie ihr beiderseitiger umfangreicher Briefwechsel beweist. In seinen Briefen sprach Er Sie immer an mit ‚Liebe Meisterin', umgekehrt Sie Ihn mit ‚Lieber Cruchard'. Er: Gustave Flaubert. Sie: George Sand. Um sie hat er sehr geweint bei der Beisetzung. Im Regen. Unter dem Regenschirm.

verknüpfen

Gedanken eines Schachmeisters im 16. Jahrhundert

Kann Weiß das Matt erzwingen?

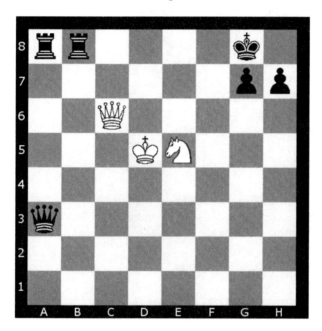

Blick ich auf's Brett mit Schachfiguren, den neunen,
so will der Kampf für Weiß mir verloren scheinen.
Zu schwer Gewicht auf schwarzer Seite.
Wiegt des Rössels Zickzack-Lauf
die Wucht der schwarzen Türme auf?

Die Dame ist's, die eröffnen wird der Figuren Reigen,
Bewegungsreichtum nennt sie ihr eigen.
Ob waagrecht, senkrecht, diagonal,
ihrer Schritte Möglichkeiten sind reich an Zahl.
So umgibt die Dame der stolze Schein,
die Königin des Spiels zu sein.

Die Dame zieht nach rechts, zwei Felder weit,
Schach dem König – sie gibt ihm keine Zeit,
seine Ritter zur Hülf' zu rufen.
Er muss Rettung allein im
rechten Schachfeldeck suchen.

1. Dc6 – e6 + Kg8 – h8

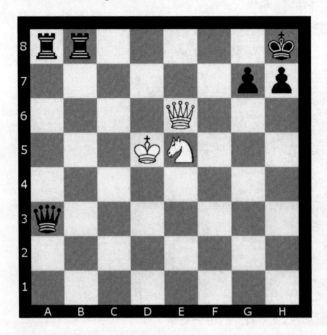

Der Dame waagrecht Zug, der
Schach auf der Diagonalen schafft,
ist Ausdruck ihrer neu errungnen Kraft.

Vor kurzer Zeit war die Dame nur
eine bewegungsarme Figur.
Doch vom alt-arab'schen Schach
ist kaum etwas verblieben,
es werden neue Regeln jetzt geschrieben.
Wesir und Elefant
sind vom Schachbrett ganz verbannt,
Läufer und Dame werden übers ganze Feld gelenkt,
des Königs Züge sind nun sehr eingeschränkt.
Die Rochade ist nun neu ersonnen,

die Türme haben Freiheit so gewonnen.
Schachzabelbücher geben vor die Norm
für unsere große Schachreform.
Jetzt spielt man so, dass groß' Figuren,
gleich einem Schatten von den Sonnenuhren,
über Felder zieh'n mit langen Zügen,
wie Seefahrer, die die Weltmeere rasch durchpflügen.
So wie die kühn' Eroberung ferner Weiten,
schlägt auf im Weltenbuch neue Seiten,
so sprengt der Längsschrittzug der Schachfigurendamen
den bisher vorgegebnen Rahmen.
Die Schachreform passt sich dem Lauf der Dinge an
und löst sich vom mittelalterlichen Bann.
In Südeuropa eingeleitet,
ist sie durch Buchdruck schnell verbreitet.
Überall ist unser Spiel nun schnell und temporeich,
dem Waffengang früherer Turniere gleich,
in dem um Ehr' und Sieg gerungen
solang, bis ein' Partie bezwungen.

Gemäß unserer neuen Regeln und Strategie,
ist nun bei unsrem Schachproblem zu fragen, wie –
für Schwarz der Raum ist noch mehr einzuengen.
Wie ist der schwarze König so einzuzwängen,
dass er keine Hilf' erhält
auf seinem jeweilig' Zufluchtsfeld.

Die Lösung hierfür ich bald fand,
mit Rösselsprung zum rechten Rand.
So rückt Weiß näher an sein Ziel,
die Dame kommt mit Abzugsschach ins Spiel,
indem der Springer gibt die Diagonale frei.
Nun ist absehbar, was des
schwarzen Königs Schicksal sei.

2. Se5 – f7 + Kh8 – g8
3. Sf7 – h6 + + Kg8 – h8

Ein wunderbares Mattproblem liegt vor uns da,
ausgedacht von Luis Lucena,
der 1497, vor kurzer Zeit,
von Spanien aus, hat eingeleit'
die Schachreform, die unser Spiel so ausgeweit'.
Bezwingen werden wir den schwarzen König sogleich,
mit Zügen, die an Eleganz sehr reich,
wie an Perlenketten aufgereiht,
wert, dass man sie notiert, für die künftige Zeit.

Doch heutzutage, ich muss es gesteh'n,
gibt es noch kein gutes Beschreibungssystem.
Bislang erzählt man breit den Spielverlauf,
nimmt viel Umständlichkeit in Kauf.
Doch da nun unsere Figuren durch weite Räume rennen,
wär' es von Vorteil jedwede Felder auch zu benennen.
Wäre jedes mit Buchstab' und Ziffer versehen,
ergäbe das Ordnung für das ganze Spielgeschehen.
Doch zu befremdlich scheint der Gedanke heut' bei Weitem,
vielleicht verwirklicht er sich in späteren Zeiten.

Um nun bei unserm Mattproblem viel Ehre zu erlangen
und den schwarzen König ganz einzufangen,
ist ein gefahrvoll' Zug zu tun von Weiß.
Die Dame muss sich geben selbst ganz preis,
indem sie vor den König zieht, allein
um Opfer für den schwarzen Turm zu sein.
Doch ist die Rettung durch den dame-schlagend' Turm nur Trug,
denn schon des Weißen nächster Zug,
zeigt an des Schwarzen Niederlage wie ein mitleidloser Spiegel,
der schwarze Turm wird für den eig'nen König zum tödlich' Riegel.
Der König, der des Weißen Rösselsprung erschaut,
ahnt, dass ihm alle Rettung nun verbaut.
Als er den Springer vor dem Turm erblickt,
ist er unrettbar im eigenen Netz verstrickt.

4. De6 – g8 + Tb8 + g8
5. Sh6 – f7 matt

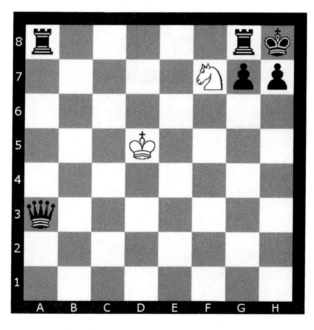

So muss der schwarze König in sein Mattnetz, schlüpfen,
wenn Weiß es gelingt, seine Figuren zu verknüpfen.

Gedanken eines Kunstkenners im 17. Jahrhundert

Kann Weiß das Matt erzwingen?

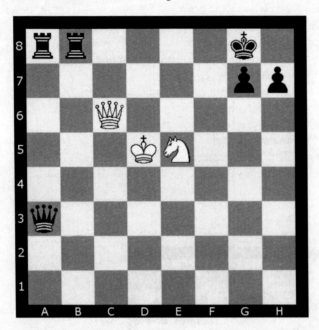

Seit langem pfleg' ich schon
die Kunst gelehrter Konversation
über Wissenschaft und Bücherei,
und Politik aus Schloss Versailles.
Auch Bilderkabinette brauch' ich nicht zu scheuen,
mögen sie doch meine Augenlust erfreuen.

Gemälde, Stiche, Drucke an der Zahl sehr viel,
sind mir bekannt im neuesten holländisch' Stil.
Doch solche Schachaufgaben halt' ich mir vom Leib,
das Spiel scheint mir ein unnütz' Zeitvertreib.
Ein Mattproblem bereitet nur Verdruss,
doch verschafft das Schachbild mir ästhetischen Genuss.
Das Ordnungsmuster der Figuren, man glaubt es kaum,
macht aus dem Brett einen bewohnten Raum.
So wird die Fläche, gegliedert in quadratisch Schranken
nun Gegenstand meiner Gedanken.

Was ist's, das zeigt sich meinem anschauenden Verstand?
Ein Bild, gezeichnet von kundiger Hand?
Doch ein perspektivisch' Bild mit funkelndem Licht
ist dieses Schachbrettmuster nicht.
Es ist das Abbild eines Bildes von einem Spiel,
wiedergegeben in abstraktem Stil.
Der Schachtisch verwandelt sich in gezirkelte Geometrie,
Schlagschatten wirft die Figurenschablone nie.
Das Bild gerät zum Diagramm,
ein Anonymus blickt es von oben an,
um zu betrachten der Figuren Position.
Beschreibung, nicht Erzählung, ist des Diagramms einzige Funktion.

Der Schachraum als Fläche, die Linie als Grenze lang und weit,
das scheint mir keine Zufälligkeit.
Denn Linie, Fläche, Geometrie,
sind Zeichen heutiger Kartographie.
Unserer Expansion zu neuen Weltenreichen
müssen die alten Atlanten weichen.
Entdeckungs-Forschungsreisen wie noch nie,
erfordern eine andere Geographie.
Der Seefahrer wird zum Welten-Einverleiber,
der Kartograph zum Welten-Neu-Beschreiber.
Überall herrscht schneller Wandel,
so treiben Kaufleut' großen Handel
mit aller Welt in groß' Entfernung, großen Weiten -
die neuen Räume begründen neue Zeiten.
Auch unser heimisch' Land, nicht zu vergessen,
wird überall nun neu vermessen.
Holländisch Land, dem Fläche als Gestalt ist eingezeichnet,
wird maßstabsgetreu auf Karten nun verzeichnet.

So ist's für mich besondre Gunst,
zu leben im Jahrhundert holländischer Kartenkunst.
Die Kartenkunst hat neue Malsehweise eingeleitet,
danach die Welt, so wie sie ausgebreitet,
im Bild ist beschreibend vorzuführen,
statt sie dramatisch zu inszenieren.
Das Bild ist Fläche, Karte, auf der die Welt wird eingeprägt
und keine Bühne, worauf Geschehen sich ständig fortbewegt.
Es malen Saenredam und andere Künstler viel,
topographisch fast im Kartenstil.
Bildausschnitte werden zum Panorama zusammengefügt,

ergeben eine Sicht, worüber die Einzelperspektive nicht verfügt.
So entsteht, wenn der Maler versiert und gewillt,
ein kartenartig Landschaftsbild,
das, weil die Einzelperspektive bewusst missachtet,
man als Betrachter von nirgendwo betrachtet.

Weiß ich um die Bedeutung dieser neuen Kunst selbst noch nicht,
ein Schachspieler erscheint mir nun in neuem Licht.
Denn da dieser Diagramme panoramagleich fixiert,
ist er vergleichbar dem Betrachter, der genau Topographien studiert.
Getraut man sich so den Vorhang einer Staffelei zu lüpfen,
lassen sich Malerei und Schach miteinander verknüpfen.

Gedanken eines Fußballphilosophen im 20. Jahrhundert

Kann Weiß das Matt erzwingen?

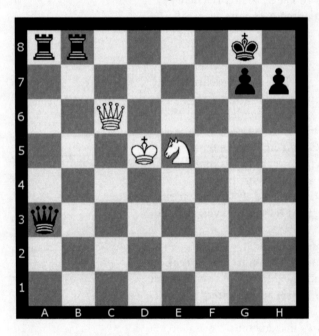

Ein cooles Mattproblem:
Ziel ist, zu seh',
ob im Dame-Springer-Verband,
ein Matt ist möglich am rechten Rand.

Für Weiß eine heikle Angelegenheit.
Schwarz besitzt Figurenüberlegenheit.
Weiß hat nur die Chance, darauf abzuzielen,
den Positionsvorteil auszuspielen.
Dies Schachproblem, es macht mich an.
Lässt denken an manchen Fußballtaktikplan,
wo Raumvorteil und Schnelligkeit,
Kombinationen in kurzer Zeit,
Ballzuspiele, sofern sie gelingen,
den Torerfolg förmlich erzwingen.

Heut' werden auf dem Fußballfeld
gedanklich Schachbrettmuster aufgestellt,
darauf die Spieler so sich positionieren,
dass geometrisch Muster sie konstruieren.
Sie bilden Ketten, Rauten von Figuren,
spielen im Takt von präzisen Uhren.
Spielwitz kann dabei viel nützen,
zwei gute Spieler können eine Abwehr allein aufschlitzen,
mit Finten, Tempo, Wechselspiel gar viel,
und einem Doppelpass im Spiel.
Bei Passgenauigkeit lässt sich das Risiko wagen,
einen raschen Konter vorzutragen.

Mir scheint, in diesem Schachproblem, dem alten,
müssten Dame und Springer sich wie Konterspieler verhalten,
mit rasanten Zügen, für Schwarz ganz unbequemen,
den König in die Zange nehmen.
Springer Zick-Zack, Damen-Diagonale und Gerade,
erscheinen mir wie eine doppelte Passvorlage,
mit der der Gegner eingeknebelt
und eine Abwehr ausgehebelt.

1. Dc6 – e6 + Kg8 – h8
2. Se5 – f7 + Kh8 – g8
3. Sf7 – h6 + +

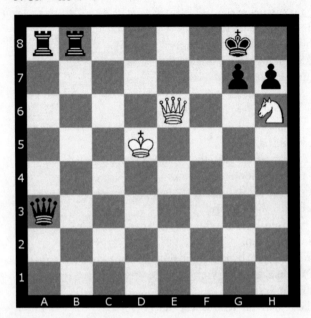

Die weißen Angriffskonstruktionen
ähneln gefährlichen Strafraumaktionen,
das figurenverzahnte Mattendspiel
einem kombinationssicheren Fußballspiel.
Erfinder modernen Fußballs, das waren,
die Holländer in den siebziger Jahren,
die, als sie ihre Diagonalpässe entfachten,
das Spielfeld kartographisch neu erdachten.
Sie suchten taktischen Vorteil; experimentierten in Eile,
den Rasen gedanklich zu gliedern in Linien und geometrische Teile.
Mit dieser Netzstruktur konnten sie's wagen,
riskante Pässe und Flanken zu schlagen.
So wurde der Rasen zum bespielbaren Raum,
der sich ständig verschiebt – das ist unschwer zu schau'n,
sieht man aus der Vogelperspektive an,
das Spielfeld wie ein Diagramm.
Die Spieler, sonst nur Stars und Helden und Ikonen,
werden nunmehr zu Schablonen,
die man hin und her verschieben kann,
je nach ausgedachtem Taktikplan.
Fußball wird zur Schachaufgabe,

der Trainer checkt, welch' Chance er habe,
damit es kann gelingen,
das Matt im Spiel doch zu erzwingen.
Moderner Taktik nach, ist Raumvorteil zu erspielen,
da so die beste Chance, den Treffer zu erzielen.
Ich erinnere mich an Schullektüren,
und denke – ganz ohne Bildungsallüren –
so, wie Faust seine Wette auf freiem Raum einlöse,
wird auch bei uns der Raum zur spielentscheidenden Größe.
Wenn wir rasch die Räume ereilen,
können wir nach dem Siegestor gerne verweilen,
dann bleiben uns're Spieler steh'n:
Verweile doch, du bist so schön.
Als Trainer hab ich fun am Schachgeschehen,
kann, fußballtaktisch, die Lösung des Mattproblems sehen.
Der Gegner ist weiter in den eigenen Strafraum zu drängen,
sein ehmals freier Raum ist zu verengen,
kein Weitschuss, kein Spannstopp macht den König platt,
der Springer-Dribbler auf f7 verursacht das erstickte Matt.

3.   (Sf7 – h6 + +) Kg8 – h8
4.   De6 – g8 + Tb8 x g8
5.   Sh6 –f7 matt.

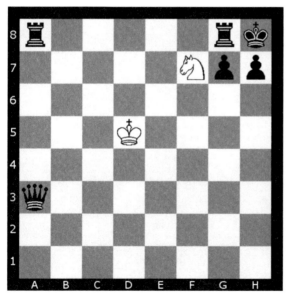

So wird der Reiz, mit Schachfiguren auf dem Brett herumzuhüpfen,
zum Anlass dafür, Fußball und Schach miteinander zu verknüpfen.

weben

Es war einmal ein Mädchen, dem starb Vater und Mutter, als es noch ein kleines Kind war. Am Ende des Dorfes wohnte in einem Häuschen ganz alleine seine Pate, die sich von Spinnen, Weben und Nähen ernährte. Die Alte nahm das verlassene Kind zu sich, hielt es zur Arbeit an und erzog es in aller Frömmigkeit. Als das Mädchen fünfzehn Jahre alt war, erkrankte sie, rief das Kind an ihr Bett und sagte „liebe Tochter, ich fühle, dass mein Ende herannaht, ich hinterlasse dir das Häuschen, darin bist du vor Wind und Wetter geschützt, dazu Spindel, Weberschiffchen und Nadel, damit kannst du dir dein Brot verdienen." Sie legte noch die Hände auf seinen Kopf, segnete es und sprach „behalt nur Gott in dem Herzen, so wird dir's wohl ergehen." Darauf schloss sie die Augen, und als sie zur Erde bestattet wurde, gieng das Mädchen bitterlich weinend hinter dem Sarg und erwies ihr die letzte Ehre.

Um diese Zeit zog der Sohn des Königs im Land umher und wollte sich eine Braut suchen.

Als nun das Mädchen zu ihm gebracht ward, führte er es in eine Kammer, die ganz voll Stroh lag, gab ihr Rad und Haspel und sprach „jetzt mache dich an die Arbeit, du sollst diese Nacht durch bis morgen früh dieses Stroh zu Gold verspinnen."

Da gieng auf einmal die Türe auf, und trat ein kleines Männchen herein und sprach „guten Abend, Jungfer Müllerin, warum weint sie so sehr?" „Ach"; antwortete das Mädchen, „ich soll Stroh zu Gold spinnen, und verstehe das nicht." Sprach das Männchen „was gibst du mir, wenn ich dir's spinne?" „Mein Halsband" sagte das Mädchen. Das Männchen nahm das Halsband, setzte sich vor das Rädchen, und schnurr, schnurr, schnurr, dreimal gezogen, war die Spule voll: und so gieng's fort bis zum Morgen, da war alles Stroh versponnen, und alle Spulen voll Gold.

Das Mädchen setzte sich wieder in seine Stube zur Arbeit und spann weiter. Da kam ihm ein Spruch in den Sinn, den die Alte manchmal gesagt hatte, wenn es bei der Arbeit saß, und es sang so vor sich hin

„Spindel, Spindel, geh du aus,
    bring den Freier in mein Haus.“

Was geschah? Die Spindel sprang ihm augen-
blicklich aus der Hand und zur Türe hinaus; und als
es vor Verwunderung aufstand und ihr nachblickte,
so sah es dass sie lustig in das Feld hinein tanzte und
einen glänzenden goldenen Faden hinter sich herzog.
Nicht lange, so war sie ihm aus den Augen ent-
schwunden. Das Mädchen, da es keine Spindel
mehr hatte, nahm das Weberschiffchen in die Hand,
setzte sich an den Webstuhl und fieng an zu weben.

Es begab sich aber, dass der König ein Fest
anstellte, das drei Tage dauern sollte, und wozu alle
schönen Jungfrauen im Land eingeladen wurden,
damit sich sein Sohn eine Braut aussuchen möchte.
Aschenputtel wäre auch gern zum Tanz mitgegan-
gen, und bat die Stiefmutter sie möchte es ihm
erlauben. „Du Aschenputtel“, sprach sie, „bist voll
Staub und Schmutz und willst zur Hochzeit? Du
hast keine Kleider und Schuhe, und willst tanzen!“
Als sie aber mit Bitten anhielt, sprach sie endlich „
da habe ich dir eine Schüssel Linsen in die Asche
geschüttet, wenn du die Linsen in zwei Stunden
wieder ausgelesen hast, so sollst du mitgehen.“

„Nadel, Nadel, spitz und fein,
    Mach das Haus dem Freier rein.“

Da sprang ihr die Nadel aus den Fingern und flog in der Stube hin und her, so schnell wie der Blitz. Es war nicht anders als wenn unsichtbare Geister arbeiteten

– Das Schiffchen fliegt, der Webstuhl kracht, wir weben emsig Tag und Nacht – alsbald überzogen sich Tische und Bänke mit grünem Tuch, die Stühle mit Sammet, und an den Fenstern hiengen seidene Vorhänge herab.

Da trug das Mädchen die Schüsseln zu der Stiefmutter, freute sich und glaubte nun dürfte es mit auf die Hochzeit gehen. Aber sie sprach „es hilft dir alles nichts; du kommst nicht mit, denn du hast keine Kleider und kannst nicht tanzen; wir müssten uns deiner schämen." Darauf kehrte sie ihm den Rücken zu und eilte mit ihren Töchtern fort.

Als nun niemand mehr daheim war, gieng Aschenputtel zu seiner Mutter Grab unter den Haselbaum und rief

„Bäumchen rüttel dich und schüttel dich
wirf Gold und Silber über mich."

Und wie es so stand, fielen einmal Sterne vom Himmel und waren lauter harte blanke Taler: und ob es gleich sein Hemdlein weg gegeben, so hatte es ein neues an und das war von allerfeinstem Linnen.

In aller Eile zog es das Kleid an und gieng zur Hochzeit.

Der Königssohn kam ihm entgegen, nahm es bei der Hand und tanzte mit ihm. Er wollte auch mit sonst niemand tanzen, also dass er ihm die Hand nicht los ließ, und wenn ein anderer kam, es aufzufordern, sprach er „das ist meine Tänzerin."

Es tanzte bis es Abend war, da wollte es nach Haus gehen. Der Königssohn aber sprach „ich gehe mit und begleite dich", denn er wollte sehen, wem das schöne Mädchen angehörte. Sie entwischte ihm aber und sprang in das Taubenhaus, war geschwind aus dem Taubenhaus hinten herab gesprungen, und dann hatte es sich in seinem grauen Kittelchen in die Küche zur Asche gesetzt.

Die Spindel aber tanzte immer weiter, und eben als der Faden zu Ende war, hatte sie den Königssohn erreicht. „Was sehe ich?" rief er, „die Spindel will mir wohl den Weg zeigen?" drehte sein Pferd um und ritt an dem goldenen Faden zurück. Das Mädchen aber saß an seiner Arbeit und sang

„Schiffchen, Schiffchen webe fein,

führ den Freier mir herein."

Da sprang ihr das Schiffchen aus der Hand und sprang zur Türe hinaus. Vor der Türschwelle aber fieng es an, einen Teppich zu weben, schöner als man je einen gesehen hat. Auf beiden Seiten blühten Rosen und Lilien und in der Mitte auf goldenem Grund stiegen grüne Ranken herauf, darin sprangen

Hasen und Kaninchen: Hirsche und Rehe steckten die Köpfe dazwischen: oben in den Zweigen saßen bunte Vögel; es fehlte nichts als dass sie gesungen hätten. Das Schiffchen sprang hin und her, und es war als wüchse alles von selber.

Da gieng der Königssohn noch weiter, und alles war so still, dass einer seinen Atem hören konnte.

Als er in die Stube trat, stand das Mädchen da in seinem ärmlichen Kleid, aber es glühte darin wie eine Rose im Busch.

Es war so schön, dass er die Augen nicht abwenden konnte und er bückte sich und gab ihr einen Kuss.

Da ward das Tor aufgetan und wie das Mädchen gerade darunter stand, fiel ein gewaltiger Goldregen, und alles Gold blieb an ihm hängen, so dass es über und über davon bedeckt war.

Sie hatte lange prächtige Haare, fein gesponnen wie Gold. „Ist das die Leiter, auf welcher man hinauf kommt, so will ich auch einmal mein Glück versuchen", sprach der Königssohn.

Nun ging er in den Saal hinein und sperrte die Augen weit auf. „Was ist das", dachte er, „ich sehe ja gar nichts." „Sieh, nun sind die Kleider fertig." Sie stellte sich, als ob sie das Zeug von den Webstühlen nähme, hob einen Arm in die Höhe, als ob er etwas hielte und sagte: „Seht, hier ist der Rock! Es ist so leicht wie Spinngewebe. Man sollte meinen, man trüge nichts auf dem Körper, aber das ist gerade der

Vorzug dabei!" „Ja", sagte der Königssohn, „ich werde dem Kaiser berichten, dass es mir außerordentlich gefällt."

Er wollte es aber durchaus haben.

Der Prinz half der Prinzessin beim Aufstehen: sie war völlig angekleidet, und zwar für das prächtigste; allerdings hütete er sich wohl, ihr zu sagen, dass sie wie zu Großmutters Zeiten gekleidet war und einen Stehkragen trug; sie war darum nicht weniger schön.

Wie sie sich an mich verschwendet,
Bin ich mir ein werthes Ich;
Hätte sie sich weggewendet,
Augenblicks verlör ich mich.

Sie schwieg, aber sie reichte ihm die Hand. Da gab er ihr einen Kuss, führte sie Hinaus, hob sie auf sein Pferd und brachte sie in das königliche Schloss, wo die Hochzeit mit großer Freude gefeiert ward. Spindel, Weberschiffchen und Nadel wurden in der Schatzkammer verwahrt und in großen Ehren gehalten.

Ein wechselnd Weben,
ein glühend Leben,
So schaff ich am sausenden Webstuhl der Zeit
Und wirke der – Liebe – lebendiges Kleid.

X

In romantischen Zeiten schrieben Romantiker etliche Seiten,
taten in ihren Geschichten
so manche Wesen erdichten,
zwitterhafte Irrgelichte,
unbekannt jeglicher Naturgeschichte.

Wassergeister, Luftgespinste
verfügen über manche Künste,
die schlechterdings ausreichen,
um irdischer Beschwer auszuweichen.
Doch sind diese Wesen flatterhafter Natur,
taugen fürs nächtliche Dunkel nur,
tragen luftig dünnes Gewand,
lang blondes Haar ist ihr Tand.
Wer solche Damen an Tümpeln zufällig fand,
hat sie oftmals Nixen genannt.

Eine Nixe ist über ihr Los oft leise empört,
weil sie – wie irdische Damen auch –
nicht weiß, wo sie hingehört.
So manche Nixe im Tümpelschlamm döst,
hoffend, dass ein Prinz sie einst erlöst,
doch weil die Prinzen sind sehr rar,
dachte eine Nixe gar,
sich selbst auszuprobieren
im modernen Emanzipieren.
Wünscht sich in neue Daseinsweisen einzureihen
und von der Tradition sich zu befreien.
Sie versucht deswegen,
ihr Namenskleid nun abzulegen
und rupft hinweg,
ohn' Selbstmitleid,
das E von ihrem Buchstabenkleid.
Kaum ist's getan, schaut in den
Wasserspiegel sie ganz fix,
doch was sie sieht, ist – Nix.

Da sie nun kaum noch um sich selber weiß,
gibt sie in Panik gleich ihr N mit preis;

schaut wieder in den Spiegel gleich
und wird darob gar nochmals bleich.
Denn aus dem Wasser es ertönt,
dass Ix und X ganz miteinander nun versöhnt,
solch' Brüderschaft, die hätt' doch Stil,
doch davon hat die Ix nicht viel.
Das I fällt ihr von selbst nun ab,
dadurch verliert sie all ihr Gut und Hab',
so dass sie friert und noch mehr leidet,
nun ist sie bis auf's X entkleidet.
Obwohl sie späht, im Schweben, Planschen, Steh'n,
ist keine Rettung zu erseh'n.
Kein Prinz, kein Wassermann, kein Freier –
jetzt ist am Tümpel guter Rat recht teuer.

Da löst sich aus dem Nebelschleier,
direkt am Ufer von dem Weiher
ein spindeldürr' Gestalt:
Hahnfeder, Schleppfuß, alterslos alt,
versehn mit einem Schwefelschweif, der riecht nicht fein,
Dornröschen-Prinz scheint das ja nunmehr nicht zu sein.
Geräuschlos die Gestalt zum X nun tritt,
macht einen Kratzfuß, trotz seines schweren Tritts,
verbindlich klingt aus seinem Munde
die rätselhafte Kunde:
Er sei der Geist, der stets verneint,
doch säh' er gern sich mit dem X vereint.
Weswegen er, auf diesen nächtlichen Wegen,
gedenkt, dem X ein Kleid nun anzulegen.
Kein fades; nein. – Vielmehr Potzfickerment,
ein Kleid, das keine Frau ihr eigen nennt.

So zaubert der Schleppfuß in kürzester Zeit
aus nächtlichem Dunkel ein Buchstabenkleid.
Fängt es am Zipfel aus den Lüften
und hängt dem X zwei E's jetzt um die Hüften,
weil solche E's in bedeutungsschwerer Weise,
darauf verweisen, dass dieser Globus ErdE heiße.
Das X sieht sich zum fremden Dasein nun verwandelt,
weiß nicht, um was sich's bei einem EXE handelt.

Es ängstigt sich, sein X werde vernichtet,
damit das E auf Echse sich nun dichtet.

Doch wird das X nicht ausgetauscht,
stattdessen kommt ein großes H herangerauscht.
Das H – doziert der hag're Schalk soeben –
verweise auf den Himmel wie auf das –Andre- eben,
weil Oben-Unten, auch für den theologisch Laien,
nurmehr identisch Dinge seien.
Weshalb, das sei ja nicht zu übersehen,
das neue Kleid sich lasse spiegelbildlich drehen.

Das braucht der Schalk nicht erst dozieren,
das neue Wesen tat's am Weiher ausprobieren.
Doch leider war die Nacht zu grau
für eine richt'ge Modenschau.
Der mit der Hahnenfeder lockt zudem auf seine Weise,
das neue Wesen zu einer weiten Reise.
„Wasser und Erde konntest als Nixe Du benennen,
so lerne nun auch Luft und Feuer kennen.
Hier – nimm Dein Besen, hab nur auf Deinen Meister acht,
der führt Dich zur Walpurgisnacht.
Ich, der gefallnen Seelen Imperator Rex,
spute Dich, Du neue Hex'.“

Y

Ein Y war ganz entschieden
mit seinem Dasein nicht zufrieden.
Empfand es doch manch' Schmach und Pein,
im DUDEN kaum gefragt zu sein.
Die Alphabetkollegen, die bekannten alten,
benannten ihre Seitenspalten,
sonnten sich im Wörterbuch,
das Y war unten durch.

So ging das Y auf Reisen,
wollt' sich's und anderen beweisen,
dass es von vornehmem Geblüt,
um das sich früher manch' Begriff bemüht,
der selbst, entrückt von allem Lob und Tadel
entstammt dem alten Wörteradel.
Deshalb trat es ins Haus der Freiheit ein,
lässt gleichwohl alle Förmlichkeiten sein;
kaum ist es drin, so fragt es schon,
in leicht vorwurfsvollem Ton,
wo denn die Tradition geblieben?
Kant habe selbst die Freiheit
noch mit Y geschrieben.
Es poche hiermit auf sein altes Recht,
denn nur mit ihm sei auch die Freyheit echt.

Doch die Freiheit der Freyheit keinen Gruß entbot,
von ihren Wänden hallt's: der Kant sei tot.

Da ging das Y beleidigt fort,
setzte sich ins kleinste Café am Ort.
Dort war die Kundschaft äußerst rar,
im Eck saß nur ein einzeln Paar,
das rührte stumm in seinen Tassen,
das Y konnte es nicht fassen.
So trat es zu den Beiden, leise,
sprach Ihnen zu in aufmunternder Weise:
„Statt in leeren Tassen rühren zu müssen,
könnten sie sich doch versuchweis kyssen."
Doch die Beiden, vom Tasserühren ganz benommen,

meinten, die Liebe sei ihnen abhanden gekommen,
wie anderen Leuten ein Stock oder Hut,
sie sei nun erloschen, ihre einstige Glut.

Da stapfte das Y, mit Beinen schon müden,
in Richtung Schwarzwälder Süden.
Am Feldweg sah es ein wenig beklommen,
ein wandernd Ge-stell ihm entgegenkommen,
mit Stock in der Hand und Hut auf dem Haupt,
– die Liebe schien hier auch nicht erlaubt.
Das Y sprach zu dem fremden Mann,
es biete ihm seine Dienste an.

Da hielt dieser inne und machte die Kehre,
sprach – diese Begegnung wäre
Lichtung, Ereignis aus tiefstem Abgrunde,
ein Zuspruch für Sterbliche,
eine unnennbare Kunde;
da hier sich entberge,
am Hang dieser Berge,
ein Y, ontologisch-vergeistigt rein,
ein Hüter des Seienden im Seyn.

Dem Y wurde von alledem so dumm,
als ging ein Mühlrad ihm im Kopfe rum
und rannte erschreckt und gar nicht mehr munter,
schnurstracks den holprigen Feldweg hinunter.

Gelangte so, vom Walde schwarz,
zu dem Gebirge, namens Harz.
Enttäuscht sucht's die Tiefe, den Ab-grund gar,
dies seltsame Ding, das das Seyn gar gebar.
Es klettert durch Felsen, lässt Steine rollen,
da ertönt aus der Tiefe ein mächtig' Grollen
und eine tiefe Stimme ruft ihm zu:
„Ypsilon, Du,
sei mir willkommen!
Barbarossa hat schon lange keinen
Besuch mehr bekommen.

Herab zu mir, ohn' Eil und Hast,
ein Y ist dem Kyffhäuser
ein stets willkommener Gast."

zaubern

Heute war es spät geworden. So spät, dass er unschwer in der *Tube* einen Sitzplatz fand. Immerhin, kurz vor Ende des Computerhandels hatte er noch einen ansehnlichen Gewinn auf den von ihm betreuten Fond leiten können. Anlass, sich nachher im Hotel einen Champagner zu ordern. Fünf Stunden Schlaf müssen genügen.

Kurz vor dem Aussteigen fällt sein Blick auf ein kleines gelbes Heft am Boden. Er hebt es mechanisch auf, erstaunt: eine Reclam-Ausgabe, Wilhelm Hauff, Märchen. Hier mitten in London. Kurzes Aufblättern. Handschriftliche Eintragungen, in englischer Sprache. Auf einer Seite deutlich mit rotem Marker gekennzeichnet das Wort: mutabor. Er steckt den kleinen Fund in seine Anzugtasche.

Eine Woche später. Er betritt kurz nach acht Uhr das Bankgebäude Richtung Snack-Bar. Wartet auf seinen Espresso. Bemerkt in seiner Anzugtasche einen kleinen Gegenstand – das gelbe Reclam-Heft. Stutzt. Ihm fällt ein, dass er sieben Anzüge mit nach London gebracht, die er täglich wechselt und jeweils im Hotel aufbügeln lässt. Nach einer Woche war also dieser wieder dran.

Blick ins Heftchen. Handschriftliche Eintragungen und roter Marker – mutabor. Plötzlich steht Innik neben ihm. Sie studiert, wie er, an einer Elitehochschule für Unternehmensführung in Deutschland. Beide absolvieren hier in London ihr jeweiliges Praktikum. Treffen zwischen ihnen eher selten, zufällig – wenn sie allein sind, reden sie deutsch miteinander, englischsprachige Konversation erscheint ihnen denn doch als zu sehr gekünstelt. Außerdem hört er gerne ihren Dialekt. Innik ist Wienerin.

Ob man sich heute einmal kurz treffen könnte? Ja – er sehe möglicherweise ein Zeitfenster. Gegen Nachmittag. Er richte ihr eine Website im Internet mit dem Codewort mutabor ein. Sie erfahre dann Genaueres. Rasches bye bye. Beim Weggehen findet er das mit der Website und dem Codewort selbst übertrieben und irgendwie doch cool – warum auch immer.

Zeitfenster möglich. Darüber ist er selber überrascht, noch mehr, dass sie am angegebenen Treffpunkt schon auf ihn wartet. Snack-Bar wiederum. Als er zu ihr an den Tisch kommt, schaltet sie ihren Laptop aus, lässt ihn aufgeklappt. Begrüßt ihn freundlich. ‚Mutabor. Verwandle Dich. KALIF STORCH. Schönes Zauberwort. Hätte ich nicht gedacht von Dir!'

Er stutzt. Für einen winzigen Moment sprachlos. Hört sie weiterhin sagen, dass sie in Wien Zaubermärchen auf der Bühne gesehen, Nestroy, Lumpazivagabundus.

Mittlerweile hat er sich gefasst. Schaut Innik an, die das nächste Praktikum in Singapur machen wird – er in Hongkong. Dass sie so etwas wusste. Storch? Zauberwort? Lumpaziva? Wie hatte das geheißen?

Während sie über Aktienkurse reden, gleitet sein Blick etwas verstohlen durch den Barraum. An der Wand zwei große Bildschirme, ntv und Börsendaten, an den Tischen Laptops, Handys, Espresso-Tassen, dunkle Anzüge, schwarze Kostüme. Stilvoll das alles, wie immer. Nur, dass er vermerkt, dass er es bemerkt.

Gespräch, fachbezogenes, verläuft weiterhin reibungslos. Auf dem Bildschirm des Laptop spiegelt sich plötzlich schemenhaft das Gesicht Inniks. Fast ein wenig geheimnisvoll.

Er blickt auf das Spiegelbild – wendet sich dann Innik zu. Da sitzt sie – die geborene Karrierefrau, top gestylt, wie immer, Ausdruck absoluter Perfektion. Mutalumpabundus? Irgendetwas ist ungewohnt. Espresso-Geschmack? Tischdekor? Spot? Das Licht scheint ihm plötzlich als zu – kalt.

Literaturverzeichnis

buchstabieren

Sartre, Jean Paul: Der Idiot der Familie. GUSTAVE FLAUBERT 1821 BIS 1857. Reinbek bei Hamburg, 1977

collagieren

Adorno, Theodor, W.: DIE MUSIKALISCHEN MONOGRAPHIEN. Frankfurt a.M., 1971

Gielen, Michael; Fiebig, Paul: MAHLER IM GESPRÄCH. DIE ZEHN SINFONIEN. Stuttgart, 2002

Langer, Jiři Mordechai: DIE NEUN TORE. GEHEIMNISSE DER CHASSIDIM. Wien, 2013

denken

Heidegger, Martin: DER FELDWEG. In: DENKERFAHRUNGEN. Frankfurt a.M., 1983

enthüllen

Homer: ODYSSEE: In der Übertragung von Johann Heinrich Voß. München, 1963

Joyce, James: ULYSSES. Frankfurt a.M., 1975, 2004

fürchten

Zollinger, Edi: PROUST – FLAUBERT – OVID. DER STOFF, AUS DEM ERINNERUNGEN SIND. München 2013

geistern

Apuleius: DAS MÄRCHEN VON AMOR UND PSYCHE. Stuttgart, 2004

handeln

Nadolny, Sten: DIE ENTDECKUNG DER LANGSAMKEIT. München, 1983

inszenieren

Hofmannsthal, HUGO VON: DER SCHWIERIGE. In: DRAMEN BD. 4, LUSTSPIELE. Frankfurt a.M., 1986

jagen

Stern, Horst: MANN AUS APULIEN. Reinbeck bei Hamburg, 2011

kondolieren
Roth, Josef: RADETZKYMARSCH. Frankfurt, 1989

lieben
Kästner, Erich: SACHLICHE ROMANZE. In: Bei Durchsicht meiner Bücher
© Atrium Verlag Zürich, 1946 (ISBN 978-3-85535-371-2)
Luhmann, Niklas: LIEBE ALS PASSION. ZUR CODIERUNG VON INTIMI-
TÄT. Frankfurt a.M., 1994

malen
Lion Feuchtwanger: GOYA ODER DER ARGE WEG ZUR ERKENNTNIS. Berlin, 2008

ordnen
Kafka, Franz: REISETAGEBÜCHER. Frankfurt am Main, 2008
Musil, Robert: DER MANN OHNE EIGENSCHAFTEN. Reinbeck bei Ham-
burg, 1978

präsentieren
Flaubert, Gustave: DER BRIEFWECHSEL MIT DEN BRÜDERN GONCOURT.
Frankfurt a.M., 2004
Müller, Lothar: WEIßE MAGIE. DIE EPOCHE DES PAPIERS. München, 2012
Nietzsche, Friedrich: SÄMTLICHE BRIEFE. Band 8. Berlin, New York,
1986

quälen?
Bischof, Rainer: HEILIGE HOCHZEIT. KULTURGESCHICHTE DER FIESTA
DE TORROS. Wien – Köln – Weimar, 2006

resignieren
Jungnitsch, Ferreol: MEINE FAMILIE. In: Bongartz, Dieter (Hg.): GANZ
ANDERS ALS DU DENKST. EINE GENERATION MELDET SICH ZU
WORT. Aarau: Frankfurt am Main, 2002

suchen
Völker, Werner: DER SOHN. AUGUST VON GOETHE. Frankfurt a.M.,
Leipzig, 1993

umschreiben
Flaubert, Gustav: DER BRIEFWECHSEL MIT DEN BRÜDERN GONCOURT.
Frankfurt a.M., 2004

verknüpfen

Petzold, Joachim: DAS KÖNIGLICHE SPIEL. DIE KULTURGESCHICHTE DES SCHACH. Stuttgart, 1987

Alpers, Svetlana: KUNST ALS BESCHREIBUNG. HOLLÄNDISCHE MALEREI DES 17. JAHRHUNDERTS. Köln, 1985

weben

Andersen, Hans Christian: DES KAISERS NEUE KLEIDER. Stuttgart, 1987

Grimm, Brüder: KINDER- UND HAUSMÄRCHEN. Stuttgart, 2009

- Aschenputtel
- Dornröschen
- Frau Holle
- Die Sterntaler
- Rapunzel
- Rumpelstilzchen
- Spindel, Weberschiffchen und Nadel

Goethe, Johann Wolfgang von: FAUST, 1. TEIL. Hamburg, 1989

Goethe, Johann Wolfgang von: WEST-ÖSTLICHER DIVAN, SULEIKA NAMEH. Berlin, 2010

Heine, Heinrich: DIE SCHLESISCHEN WEBER. In: Heine: GEDICHTE. Stuttgart, 1976

Perrault, Charles. In: SÄMTLICHE MÄRCHEN. Stuttgart, 1986